역대급 기후 변화로 지구가 끓어오르고 있는 이 시대를 살아가는 우리에게 기후 변화가 초래하는 식량 위기의 심각성을 경고하고, 더 나아가 그 위기에서 살아남는 길에 대한 뚜렷한 실마리를 제공한다. 또한 기후 위기 시대에 K-농업이 어떻게 탄소중립을 실현할 수 있을지 국제 무대에서 기후전문가로 활약해온 저자가 구체적으로 들려준다. 기후 위기 시대를 살아가는 우리가 반드시 읽어야 할 책이다.

_정황근, 농림축산식품부 장관

2015년 파리기후협정에서 지구 평균기온 상승을 산업화 이전 대비 1.5도로 제한하기 위해 노력하기로 약속했다. 그런데 지금 기온이 1.1도 상승했고, 단 0.4도가 남았다. 이 임계점을 넘어버리는, 지구상 모든 환경이 회복 불가능한 상태에 놓이는 티핑 포인트가 바로 눈앞에 있다. 기후 변화가 만들어내는 퍼펙트스톰은 이제 글로벌 식량 공급망까지 날릴 조짐을 보인다. 이러한 거대한 문제에 대한 대비는 필수적이지만, 우리는 절박함을 느끼지 못하고 있다. 지금 대비해도 이미 늦었을지도 모를 글로벌 식량 위기의 위험에서 우리를 구할 방법이 이 책에 온전히 담겨 있다.

_유희동, 기상청장

지구촌이 지금까지 한 번도 경험하지 못한 극단적 기상이변에 몸살을 앓고 있다. 이는 전 세계의 식량 생산을 위협하고 있고, 특히 식량 안보에 취약한 우리나라에는 더 심각한 문제로 다가온다. 기후 변화로 식량 생산량은 줄어들고 있지만 세계 인구는 계속 증가해 식량 부족의 시대로 전환되는 시점에 다다랐다. 지금 당장 글로벌 기후 위기가 초래할 재앙 수준의 식량 위기에 대비해야 한다. 그러려면 정책 입안자뿐만 아니라 일반인도 이 문제의 심각성을 느끼고 공론화하는 것이 필요한데, 이 책은 우리 식탁의 안전을 지키기 위한 행동으로 우리를 이끌어준다.

_김창길, (前) 농촌경제연구원장

6번째 대멸종 시그널, 식량 전쟁

6번째 대멸종 시그널,
식량 전쟁

**기후 변화와 식량 위기로 포착하는
파국의 신호들**

서가
명강
34

남재철 지음

서울대학교
농업생명과학대학 특임교수

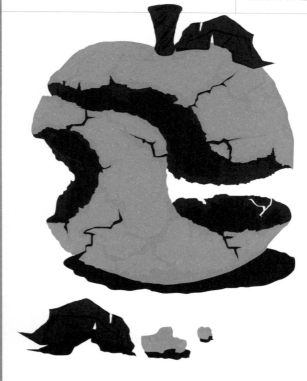

21세기북스

인문학
人文學, Humanities

철학, 역사학, 종교학, 문학,
고고학, 미학, 언어학

자연과학
自然科學, Natural Science

과학, 수학, 의학, 물리학,
생물학, 화학, 기상학

농림기상학
農林氣象學,
Agricultural and Forest
Meteorology

사회과학
社會科學, Social Science

경영학, 법학, 사회학,
외교학, 경제학,
정치학, 심리학

공학
工學, Engineering

기계공학, 전기공학, 컴퓨터공학,
재료공학, 건축공학, 산업공학

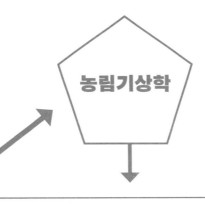

농림기상학이란?
農林氣象學, Agricultural and Forest Meteorology

농업 및 산림 자원의 생산성과 관련된 기상 요인들을 연구하는 학문이다.
기상 요인을 토대로 작물 생육 모델을 개발하고, 농업과 산림 생태계의
생산성을 높이기 위한 농업 기술과 경영 전략을 개발한다. 생물학, 유전학,
통계학, 지리학 등 다양한 학문 분야와도 관련이 깊다. 기상 조건은 작물의
성장과 발전에 큰 영향을 미치기 때문에, 농림기상은 농업 생산성을
높이는 데 매우 중요한 역할을 한다. 이외에도 현대 사회가 당면한 기후
변화와 대기 오염 등의 연구 수행과 지속 가능한 해결책 창출 같은 농업 및
산림 자원 관리에 있어서 매우 중요한 역할을 하는 학문이다.

이 책을 읽기 전에 주요 키워드

식량 안보(Food security)

모든 사람이 언제든지 물리적·사회적·경제적으로 충분하고, 안전하며, 영양가 높은 식품에 접근함으로써 활동적이고 건강한 삶을 영위하는 데 필요한 음식의 선호를 충족할 수 있는 상태로 정의한다.

IPCC(기후 변화에 관한 정부간 패널: Intergovernmental Panel on Climate Change)

IPCC는 UN의 전문기관인 세계기상기구(WMO)와 유엔환경계획(UNEP)이 공동으로 1988년 설립한 조직으로서, 인간 활동에 대한 기후 변화의 위험을 평가하여 그 영향 및 실현할 수 있는 대응 전략을 주기적으로 평가하고, 기후 변화에 관한 국제연합 기본 협약(UNFCCC)의 실행에 관한 보고서를 발행하는 임무를 가진다.

SSP(공통사회 경제 경로: Shared Socioeconomic Pathway)

IPCC 제6차 평가보고서에서 사용된 미래 기후 변화 시나리오로 인구, 경제, 에너지 등의 사회경제적 요인이 기후 변화에 미치는 영향을 전망하는 방법이다. 미래 인구 성장, 도시화, 기술 발전, 에너지 사용 및 탄소 배출량 등을 고려해 2100년까지의 전 세계적인 경제와 인구 변화를 예측한다. 이러한 예측은 기후 모델에 입력되어 전 지구 기온 및 강수량을 예측하여 기후 변화에 대한 전략을 수립하고 대응 방안을 마련하는 데 도움을 준다.

애그플레이션(Agflation)

농업을 뜻하는 영어 '애그리컬처(agriculture)'와 '인플레이션(inflation)'의 합성어로, 농산물 가격의 급격한 상승 현상을 의미한다. 농산물 가격이 상승하여 그 영향으로 사회 전반의 물가 상승으로 확산하는 인플레이션의 일종이다. 식료품 가격 상승으로 식량 위기가 발생할 수 있으며, 경제 위기를 초래할 수도 있다. 특히 식량자급률이 낮은 나라에서 그 위험성이 더 크다.

엘니뇨/라니냐(El Niño/La Niña)

엘니뇨는 적도 부근 동태평양의 해수 온도가 비정상적으로 높아지는 현상을 말하며, 라니냐는 반대로 동태평양의 해수 온도가 낮아지는 현상을 말한다. 두 현상이 발생하면 세계 각지에서 극한 홍수, 가뭄, 태풍, 산불 등의 기상이변이 발생하여 막대한 재산 및 인명피해를 주고 있다.

녹색혁명(Green revolution)

농업 분야에서 품종개량, 기술혁신 등 신기술 도입으로 수확량을 올리는 농업상의 모든 개혁을 이르는 말이다. 특히 1960년대 미국의 농학자 노만 볼로그(Norman Borlaug)는 병충해에 내성이 강한 키 작은 밀을 개발해 멕시코, 인도, 파키스탄, 중국에서 밀 수확량을 획기적으로 높였다. 그 결과 10억여 명의 생명을 구한 공로로 1970년 노벨평화상을 수상했으며, '녹색혁명의 아버지'로 칭송받게 되었다. 우리나라에서 1970년대 다수확 품종인 통일벼를 개발해 식량 자급을 이룬 것을 녹색혁명이라고 한다.

기후 난민(Climate refugees)

기후 변화로 나타나는 환경 관련 문제, 예를 들면 거주하던 지역에서 자연재해, 가뭄, 홍수, 해안 침식 등의 이유로 인해 생활이 불안정해지거나 더는 거주할 수 없게 되어 살던 곳을 떠나 난민이 되는 사람들을 의미한다. 상당수는 아프리카, 남아시아, 라틴 아메리카 등에서 발생하고 있으며, 주로 식량 부족, 건강 문제, 인프라 파괴 등의 문제로 국내 혹은 국외로 이주한다.

탄소중립(Carbon neutrality)

인간의 활동에 의한 온실가스 배출을 최대한 줄이고, 남은 온실가스는 흡수 및 제거해서 실질적인 배출량이 0(Zero)가 되는 개념이다. 즉 배출되는 탄소와 흡수되는 탄소량을 같게 해 탄소 '순 배출량이 0'이 되게 하는 것으로, 이에 탄소중립을 '넷제로(NetZero)'라 부른다.

차례

1부 기후 변화가 인간에게 보내는 경고

2부 풍요로운 지구의 끝, 굶주리는 세계의 시작

"지속 가능한 사회를 유지하려면 우리가 어떤 경로를 선택해야 하는지는 명확하다. 어렵지만 탄소중립을 달성해 2100년에도 우리 후손들이 회복할 수 있는 지구 환경에서 안전하게 살아갈 수 있는 길로 가야 한다."

기후 위기 시대의 식량 위기, 남의 일이 아니다

나는 시골 농촌 마을에서 나고 자라서 어린 시절에 겪었던 보릿고개를 어렴풋이 기억하고 있다. 동네 어르신들은 "아침 자셨니껴?"라는 말로 아침 인사를 나누곤 했다. 먹거리가 부족했던 시절 혹시나 끼니를 거르지는 않았는지 서로를 걱정해주는 인사였다.

역사적으로 살펴보면 백성들은 늘 배를 곯고 살아왔다. 그래서 조상들은 배부르고 등 따시면 "임금님의 은혜로 태평성대를 누린다"라고 했다. 그랬던 우리 민족의 반만년 역사에서 백성들의 배고픔을 단번에 해결한 사건이 바로 1970년대 '기적의 벼'라고도 불린 '통일벼'를 개발해 널리 보급했던 녹색혁명이다. 이 일을 두고 『라이스 워』의 저자

이완주는 "1970년대 통일벼 개발은 세종대왕의 한글 창제에 버금가는 위대한 업적이었다"라고 평가했다. '금강산도 식후경'이라는 말처럼 배가 부르고 난 다음에야 비로소 문화와 문명이 눈에 들어오는 것이다.

1960~1970년대 우리나라는 베이비붐으로 인구는 급격히 증가했지만 쌀 생산량은 이를 따라가지 못해 늘어난 인구를 먹일 만큼 쌀이 충분하지 않았고, 이를 해결하기 위해 정부 차원에서 '혼분식 장려운동'을 시행하기도 했다. 혼식의 잡곡 비율이 30% 이상을 넘어야 했는데, 학교에서 선생님들은 학생들이 싸온 도시락을 날마다 검사했다. 잡곡을 섞지 않고 쌀로만 지은 밥으로 도시락을 준비한 학생들은 호되게 야단을 맞았다.

쌀 자급이 얼마나 중요한 문제였는지는 당시에 사용했던 언어에서도 그 흔적을 찾을 수 있다. 예를 들어, 보리와 조에도 '쌀'이라는 말을 붙여 각각 '보리쌀', '좁쌀'이라고 불렀다. 이처럼 늘 따라다녔던 쌀 부족 문제는 1970년 통일벼가 개발되고, 곧이어 1972년부터 전국으로 보급되고 확대되면서 쌀 자급을 달성해 해결되었다.

1980년대 이후 산업화가 급격히 진행되면서 1차 산업인 농업은 정부와 국민의 관심으로부터 점차 멀어졌다. 철강, 자동차, 선박, 반도체 등 수출 중심의 산업을 집중적으로 성장시켜 외화를 벌어들이고, 식량은 다른 나라로부터 수입해서 소비하는 것이 경제적이라는 인식이 지배적이었다. 그 결과 농업은 사양 산업으로 전락했고, 식량/곡물자급률은 끝없이 떨어져 지금에 왔다. 우리 농업 정책에서 잃어버린 40년이 만든 현재의 모습이다.

우리나라의 식량/곡물자급률은 1970년 86.2%/80.5%에서 2021년 44.4%/20.9%로 내려갔다. 이마저도 우리 농업의 주된 곡물인 쌀 덕분인데, 쌀을 제외한 식량/곡물자급률은 11.4%/5.4%에 지나지 않아 사실상 우리의 밥상을 대부분 외국산 식량에 의존해 차리는 게 현실이다.

그런데 앞으로도 지금처럼 우리가 원할 때 언제든지 외국에서 식량을 저렴하게 수입할 수 있을까? 안타깝게도 결코 그렇지 않다. 2022년 우리나라의 식량안보지수Food Security Index(이하 FSI)는 전 세계 113개국 중 39위로 OECD 국가 중 최하위를 기록했다. 식량안보지수는 모든 사람이 건강한 삶을 영유하기 위해 충분하고 안전하며 영양가 있는 먹거리를 물리적, 사회적, 경제적으로 접근 가능한지에 관한 지수다. 즉 식량 위기를 가늠하는 척도가 된다. 따라서 기후 변화로 식량 생산에 차질이 생겨서 국제 곡물 가격이 폭등하면 우리나라가 선진국 중에서 가장 먼저 식량 위기를 겪을 수밖에 없다. 최근에는 이러한 위기를 의식해 '식량 안보'라는 단어가 언론에 자주 오르내리고 있다. 안보는 외교나 국방과 같이 경제적인 잣대로 정책을 결정할 수 없는 국가의 운명을 결정하는 중요한 정책과 함께 사용되는 단어다. 그런데 이제 식량 문제 차원에서도 식량 안보라는 단어를 자연스럽게 사용하게 된 것이다. 그만큼 식량 위기에 대한 정부와 국민의 인식이 높아지고 있다는 것을 의미한다.

농업은 하루아침에 이루어진 산업이 아니다. 인류는 마지막 빙하기를 지나 기후가 안정화된 홀로세Holocene가 되면서 정착 생활을 시작하고 농업혁명을 일으켰다. 그 후 산업혁명을 거쳐 현재까지 1만여 년에 걸쳐 써 내려온 인류의 역사는 기후와 농업의 역사라고 해도 결코 과언이 아니다. 구체적으로 살펴보면 인류의 4대 문명은 농사에 필요한 물이 풍부하고 기름진 농토가 있는 큰 강의 하구에서 시작되었으며, 중세 여러 나라가 더 넓은 농토를 차지하기 위해 전쟁을 치렀다. 농사에 유리한 기후가 유지된 중세 온난기에는 왕조와 제국이 흥했고, 기상이변이 잦은 중세 후기 소빙하기에는 많은 제국과 왕조가 멸망했다.

그렇게 인류의 역사와 함께한 농업이 최근 들어 기후 변화의 직격탄을 맞고 있다. 기후 변화에 따른 기상 재해로 안정적인 식량 생산도 담보할 수 없게 되었다. 농업이야말로 기후 의존도가 아주 높은 산업이기 때문이다. 기후 변화로 인해서 병충해가 증가하고, 재배 적지가 변화하며, 가용 농업용수가 변하여 직접 식량 생산량이 감소하고 품질이 떨어지고 있다. 기후 변화에 따른 농업의 위기는 곧바로 세계 식량 위기로 이어진다.

세계적으로 기후 변화에 따른 가뭄과 홍수 산불로 인해서 식량 생산에 차질이 생기고, 코로나-19와 같은 글로벌 팬데믹, 러시아-우크라이나 전쟁 등으로 국제 곡물 가격이 폭등하는 애그플레이션이 더 자주 더 강력하게 나타나고 있다. 식량 위기가 우리에게도 멀리 떨어져 있지 않다.

멀게만 느껴졌던 식량 위기 시대, 과연 우리나라는 안전할까? 한반도에서 기후 시스템이 흔들리며 우리 농업이 어떻게 변해왔고 지금은 어떤 상태인지, 대한민국의 현주소를 들여다보려고 한다. 그리고 우리의 밥상에 대해, 다시 말해 '우리의 식량 문제는 이대로 괜찮은가'라는 질문에 대해 함께 생각해보고자 한다.

식량 위기는 지금부터 준비해도 결코 빠르지 않다. 오히려 지금부터 준비하는 것이 한발 늦은 것이다. 기후 위기라는 뉴노멀 시대의 식량 위기, 식량 전쟁 등 우리에게 임박한 식량 안보 이슈를 구체적으로 살펴볼 필요가 있다. 그래서 이 책에서는 국내외 사회경제적 현상으로서의 식량 문제에 관한 사례를 살펴보고, '6번째 대멸종의 시그널, 식량 전쟁'이라는 최악의 시나리오가 어떻게 진행될 것인지 전망해보고자 한다.

기후 변화와 식량 위기가 일으키는 파국은 바로 우리 인간이 초래한 기후 변화가 쏘아 올린 퍼펙트 스톰의 복합 기상 재해가 세계 곳곳에서 빈번하게 나타나 식량 생산에 영향을 미치고, 이로 인해 식량이 부족해지면서 시작될 것이다. 따라서 부족한 식량을 확보하기 위한 식량 전쟁이 머지않아 일어날 수 있다.

이제 기후 위기 속에서 우리의 밥상을 지키고 미래 세대를 위한 식탁을 꾸리는 방법을 모색해야 할 때다. 식량 위기에 대응하려면 무엇보다 탄소중립을 실천해 식량 위기의 가장 큰 원인으로 평가되는 기후 변화를 완화하는 것이 중요하다. 기후 변화로 농업은 비록 위기를 맞게 되었지만, 한편으로는 농업인들에게 기후 변화가 기회의 요인으로 작용할 수도 있다. 농업은 우리 인간의 생명을 유지시키는 식량을 공급하는 생명 산업이기 때문이다. 농업은 단순히 재화로 환산할 수 없는 무한한 공익적 가치를 지니고 있음을 인식하고, 국가 전략 산업으로 육성하고 지원해야 한다. 다가올 식량 위기에서 살아남기 위해 대한민국은 과연 어디로 향해야 하는가?

2023년 11월

남재철

1부_____

기후
변화가
인간에게   보
            내
            는

      경고

기후 변화와 식량 위기 사이에는 어떤 관계가 있을까? 결론부터 말하면 매우 밀접한 연관성이 있다. 지금부터 기후 위기와 식량 위기의 연관성, 대한민국의 식량 안보의 민낯을 가감 없이 설명하고자 한다. 그리고 인류의 식탁을 구할 수 있는 최후의 해법도 함께 생각해봤으면 한다.

갈수록 빠르고
강력해지는 기후 변화

날씨는 변해야 하고, 기후는 변하지 말아야 한다

바쁜 일상을 살아가며 식량 위기에 대한 위기감을 실생활에서 느끼는 사람은 많지 않을 것이다. 그러나 이미 기후 변화를 넘어 기후 위기 시대가 도래했다. 인류 최악의 재난이 식량 위기에서 이미 시작되었고 머지않아 식량 전쟁도 일어날 수 있다는 예측이 나온다. 기후 변화의 영향으로 우리나라도 식량 위기에 처할 수 있다는 전망이 많다. 실상은 우리가 생각하는 것보다 훨씬 더 심각할 수 있다.

먼저 기후 변화가 어떻게 일어나는지 살펴보자. 이미 잘 알고 있는 사람도 있겠지만 날씨와 기후의 정의에 대해 간단하게 살펴보자.

용어의 개념부터 짚고 넘어갈 필요가 있다. 우리가 흔히 말하는 날씨와 기후는 어떻게 다를까? 비교적 짧은 시간에 시시각각 일어나는 기상 현상, 즉 비나 눈이 내리거나 바람이 불어오는 등의 기상 현상을 '날씨'라고 부른다. 이와 달리 '기후'는 어떤 지역에서 오랜 기간 유지된 평균적인 날씨를 말한다. 여기에 더해 '기후 변화'는 기후가 바뀌는 것으로, 장기간에 걸쳐 나타나는 날씨 패턴의 변화를 가리킨다.

일반적으로 기상학에서는 30년간의 평균을 낸 기상 자료를 '기후 자료'라고 한다. 인간의 한 세대가 30년이기 때문에 보통 사람들은 기후가 변하지 않는 것으로 인식할 수도 있다. 하지만 날씨는 변해야 한다. 계속 비가 내려도 안 된다. 폭염이 계속되어도 안 된다. 날씨가 변하지 않는 것은 곧 재해이기 때문에 날씨는 변해야 한다.

그러나 기후는 변하지 말아야 한다. 기후가 변하는 원인은 인위적인 요인이라는 것이 밝혀졌기 때문이다. 인간이 산업 활동을 통해 배출한 온실가스가 지구 온난화를 일으켜 기후가 변하게 되었다. 이러한 기후 변화로 인해 지구에 살고 있는 인간들은 많은 영향을 받는다. 기후 변화의 영향으로 예전과 같지 않은 강도의 장마, 호우, 가뭄, 태풍 등이 일어나고 있다.

기후 위기의 심각성을 이야기할 때 날씨와 기후를 사람의 기분과 성격에 비교하곤 한다. 수시로 변하는 날씨는 우리의 기분과 같다. 기후는 타고났거나 오랜 기간 형성된 사람의 성격과 같다. 성격이 변하면 어떻게 되는가? 물론 좋게 변하면 다행이지만 나쁘게 변하면 우리 사회에 큰 피해를 줄 수 있다. 이런 심각성이 바로 기후 변화에 따른 자연재해다.

아주 오래전에 기후와 날씨에 대해 정의한 사람이 있다. 바로 20세기 초 미국 작가 마크 트웨인이다.

"우리가 기대하는 것은 기후이고, 직접 경험하는 건 날씨다."

이렇듯 기후와 날씨는 명확히 다르다. 날씨는 변해야 하고 기후는 변하지 말아야 한다.

기후 변화는 사기다?

42만 년 전부터 지금까지 지구의 기온과 대표적인 온실가스인 이산화탄소의 농도 변화를 보면 한 가지 특징을 알 수 있다. 그건 바로 이산화탄소 농도가 떨어지면 기온이 떨어지고, 이산화탄소 농도가 올라가면 기온이 오르는 현상이다.

지난 42만 년 동안 지구에는 네 번의 빙하기가 있었다. 지금 우리는 빙하기와 빙하기 사이의 온난기, 즉 따뜻한 기간인 간빙기間氷期에 살고 있다. 이처럼 지구의 환경은 약 10만 년 주기로 변하기 때문에 앞으로 10만 년 안에는 자연적인 영향으로 다시 빙하기가 될 것이라고 본다.

여기서 우리가 주의 깊게 볼 점이 있다. 42만 년 동안 이산화탄소 농도가 한 번도 300ppm을 넘은 적이 없었는데 1950년에 300ppm을 넘고, 2023년 기준 421ppm까지 올라갔다는 사실이다. 앞에서 이산화탄소 농도가 올라가면 지구의 기온이 올라간다고 했다. 421ppm까지 올라간 이산화탄소 농도로 인해서 지구 기온이 올라가는 것, 이것이 바로 기후 변화에 따른 지구 온난화다.

그런데 이런 궁금증이 들지 않는가? 42만 년 동안의 기온과 이산화탄소 자료를 어떻게 구했을까? 그 답은 바로 남극에 있다. 남극점 부근에는 구소련에서 1957년 설치한 보스토크 과학기지가 있는데, 이 기지는 빙하 3632m 위에 설치되어 있다. 빙하는 오랜 기간 눈이 내려서 만들어진 것으로 빙하 속에는 당시의 공기와 동식물 그리고 미생물 등이 포함되어 있다.

따라서 과학자들은 빙하에서 샘플 얼음을 뽑아 올리는 아이스 코어링ice coring을 통해서 고기후학을 연구한다. 보스토크 기지의 3632m 빙하의 가장 아랫부분은 42만 년 전에 만들어진 것으로, 그곳에서 아주 적은 양이지만 42만 년 전의 공기를 채취할 수 있었다. 그 공기에서 이산화탄소 농도를 측정하고 산소 동위원소를 분석하면 당시의 온도를 추정할 수 있다. 따라서 빙하는 지구의 오랜 기후 정보를 품고 있는 타임캡슐과 같다.

그래서 남극은 기후과학자들에게는 아주 매력적인 실험실과 같다. 우리나라도 남극에 세종과학기지와 장보고 과학기지를 두고 있다. 참고로 1988년 세종과학기지가 처음 만들어졌는데, 나는 1990년 1년간 3차 대원으로 세종과학기지에 파견되어 남극의 기상과 기후를 연구했다.

남극의 빙하가 다 녹는다고 가정하면 해수면이 60m 이상 상승한다고 계산할 수 있다. 우리나라 서울의 평균 해발고도가 38m 정도밖에 되지 않는다. 그래서 기후 변화로 인해 남극 빙하가 다 녹는다면 서울은 대부분 물에 잠길 수도 있다.

미국의 트럼프 전 대통령은 기후 변화는 중국이 만들어

낸 사기라고 하면서 기후 변화를 믿지 않는 회의론자였다. 하지만 그 당시에도 우리의 과학기술부에 해당하는 미국 나사NASA는 '세계 기후 변화The Global Climate Change'라는 웹 사이트에서 기후 변화의 증거, 과학적 기반의 관측 자료 등을 실시간으로 보여주었다. 활발하게 논문을 발표하는 기후 과학자의 대다수(97%)는 인간이 지구 온난화와 기후 변화를 일으키고 있다는 데 동의한다.

이 웹 사이트에 있는 자료는 1850년부터 지금까지 전세계의 유명한 기후 연구소들이 만들어낸 기후 변화 자료다. 기온이 꾸준하게 증가하고 있다는 자료가 거의 일치한다. 1900년에 지구상의 기온 분포는 평균보다 낮았으나, 1960~2020년에는 기온이 많이 올랐다. 지난 120년 사이에 기온이 엄청나게 많이 올라갔다는 사실을 알 수 있다. 특히 기온이 크게 오른 지역은 산업 활동이 활발한 선진국들이 위치한 북반구다.

지난 세기 동안 기온이 상승한 것은 바로 우리 인간의 산업 활동으로 배출된 온실가스 때문이라는 것을 과학자 대부분이 믿고 있다. 이산화탄소 농도가 꾸준하게 증가하고 있고, 기온도 오르고 있고, 북극의 빙하가 감소하고 있으며, 해수면은 상승하고 있다. 과학자들이 실제 관측한 이런 자료는 그 누구도 부정할 수 없는 기후 변화의 명백한 과학적 증거다.

기후 변화의 영향은 이미 시작되었다

기후 변화에 따라 기온이 올라가 빙하가 녹으면 해수면이 상승하여 조그마한 섬나라들이 큰 영향을 받는다. 남태평양에 있는 투발루는 아홉 개의 작은 섬으로 구성된 아주 작은 섬나라로, 인구가 1만 1000명 정도밖에 되지 않는다. 그런데 해수면이 상승하고 해일이 발생하여 벌써 두 개의 섬이 사람이 살 수 없는 무인도로 변했고, 이 섬에 살던 사람들은 뉴질랜드로 이주할 수밖에 없었다.

투발루뿐만이 아니라 적도 부근에 키리바시라고 하는 섬나라도 마찬가지다. 키리바시는 33개의 섬으로 되어 있고 인구가 약 12만 명인 작은 섬나라다. 이 나라도 섬이 하나둘씩 무인도화되고 있다.

바다뿐만이 아니라 아프리카에 있는 킬리만자로산에서도 기후 변화의 영향이 나타났다. 킬리만자로산에는 겨울이 되면 산 정상에 계속 눈이 쌓여서 빙하가 만들어지고,

봄이 되면 그 빙하가 녹아서 주변 여러 나라의 아주 중요한 수자원이 된다.

그런데 기후 변화의 영향으로 빙하가 줄어들면서 가뭄이 잦아지고 사막화되었다. 그 결과 물 부족이 심각해져서 2003년부터 2010년까지 수단의 다르푸르 지역 부족 간에 분쟁이 일어나고 물 전쟁이 일어났다.

앞으로 이처럼 하천을 공유하는 여러 나라 사이에 물 분쟁이 잦아질 것이다. 대표적으로 나일강을 끼고 있는 이집트와 에티오피아를 예로 들 수 있다. 나일강은 에티오피아에서부터 수단, 이집트를 거쳐서 지중해로 흘러간다. 그런데 에티오피아가 최근 상류에 '그랜드 에티오피아 르네상스'라는 큰 댐을 건설하기 시작했다. 이 댐은 중국의 싼샤 댐보다 훨씬 큰, 세계에서 가장 큰 댐이 될 거라고 하는데, 이 댐이 완공되면 강 하류에 있는 수단과 이집트 쪽에서는 하천의 유량이 줄어들어 물 부족 문제를 겪을 것이다.

이런 일은 비단 나일강 지역에서만 일어나는 일이 아니다. 동남아시아에는 중국에서 발원하여 미얀마, 라오스, 태국, 캄보디아를 거쳐서 베트남으로 흐르는 메콩강이 있다. 메콩강은 동남아시아 6개 나라의 수자원으로 이용되는데,

최근 중국이 상류에 11개의 댐을 건설하면서 하류에 있는 여러 나라에서는 물 부족이 심각하게 나타나고 있으며, 특히 베트남에서는 해수가 유입되어 강 하구에 있는 비옥한 삼각주 평야의 벼농사를 망치고 있다.

이처럼 기후 변화로 물이 부족해지면서 국가 간 물 분쟁이 첨예하게 대립하고 있다. 2009년 세계경제포럼(이하 'WEF')의 수자원 이니셔티브 보고서에서도 '수자원 부도' 가능성을 경고했고, "이제는 1970년대 석유 파동이 아니라 물 파동에 대비해야 한다"라고 경고했다.

시리아 난민은 기후 난민이다

기후 난민 이야기를 들어봤는가? 시리아 난민에 대해서는 많이 들어봤을 것이다. 시리아의 많은 난민이 위험을 무릅쓰고 '보트피플(배를 타고 탈출하는 난민)'이 되어, 지중해를 건너 유럽으로 이주했다.

시리아에서는 2006년부터~2010년까지 사상 최악의 가뭄이 발생했다. 약 1000만 명의 농부들이 농사를 포기하고 도시로 몰려가서 도시에서 굉장한 혼란이 일어났다. 그런데 같은 시기에 세계적인 밀 수출국인 러시아와 우크라이나에서도 큰 가뭄이 발생했다.

주요 수출국의 밀 생산이 감소하자 국제 밀 가격이 폭등하면서 최대의 밀 수입국인 아랍에 시위와 폭동이 일어났다. 이는 2010년 일어난 '아랍의 봄'으로 알려져 있다. 2011년에는 내전이 발생했고 IS(이슬람 수니파 무장단체)와 같은 테러 조직이 생겼다. 이렇다 보니 더 이상 이 땅에서 살 수 없어진 사람들이 유럽으로 이주해 난민이 되었다.

시리아 난민이 생긴 것이 단순히 내전 때문이라고 생각하는 사람이 많겠지만, 자세히 살펴보면 기후 문제에 기인한 가뭄과 흉작이 근본적인 원인이다. 따라서 시리아 난민은 기후 난민이라고 할 수 있다.

이런 뉴스를 접해도 먼 나라 남의 일처럼 느껴지는 사람이 많을 것이다. 그러나 절대 그렇지 않다. 세계은행World Bank은 앞으로 기후가 이대로 계속 변한다면 2040~2050년 대에 전 세계적으로 기후 난민이 무려 1억 4000만 명 규모로 발생할 것이라고 전망하는 보고서를 냈다. 난민이 생기면 결국 선진국들이 이들을 보호해주어야 한다. 지구공동체에서 살아가는 한 서로가 서로에게 영향을 미치므로 어느 정도 고통을 분담할 수밖에 없다.

국제연합(이하 'UN')에서는 선진국이 이 난민들을 분담해서 보호하도록 할 가능성이 크다. UN의 모든 예산은 각 회원국의 경제력을 기준으로 분담률에 따라 부과해 충당하고 있다. 우리나라의 2022~2024년 UN 분담률은 우리의 경제력에 비례해서 2.574%다. 1억 4000만 명 중 2.574%를 계산해보면, 우리 미래 세대는 약 360만 명의 난민을 먹여 살려야 할 수도 있다.

현재 유럽에서 한 달에 난민 한 명을 부양하는 데 500달러가 든다고 한다. 이 액수로 계산하면 1년에 무려 26조 원 이상의 돈이 들 수도 있는 것이다. 기후 변화의 심각성을 알려주는 또 하나의 지표다.

기후 위기는 누구의 책임인가

기후 변화가 전 세계적인 이슈로 대두되면서 세계 각국의 지도자들이 이 문제의 심각성을 깨닫고 움직이기 시작했다. 그래서 1988년 기후 변화와 관련된 전 지구적 위험을 평가하고 국제적 대책을 마련하기 위해 세계기상기구(이하 'WMO')와 유엔환경계획UNEP이 공동으로 기후 변화에 관한 정부간 협의체(이하 'IPCC')를 설치했다.

IPCC는 전 세계의 저명한 과학자들이 자발적으로 참여하여 5~8년 주기로 권위 있는 기후 변화평가보고서를 발간하고 있다. IPCC의 워킹그룹 1^{Working Group 1}에서는 기후 변화의 과학적 근거, 워킹그룹 2에서는 기후 변화 역량과 적응 취약성 그리고 워킹그룹 3에서는 기후 변화 완화 관련 평가보고서를 발간하고 있다.

2015년부터 우리나라 에너지경제연구원 제1~3대 원장 출신이며 이회창 전 총리의 친동생인 이회성 박사가 IPCC 의장을 맡고 있다. 이회성 IPCC 의장은 미국 《타임》의 '2019년 세계에서 가장 영향력 있는 100인'에 선정되었다.

1988년에 설립된 이래 1990년에 제1차 평가보고서를 발간했으며, 이 보고서의 핵심 메시지는 '기후 변화는 우리 인간이 책임일 수 있다'라는 것이었다. 그래서 1992년에 전 세계 지도자들이 브라질 리우에 모여서 환경정상회의를 하고 유엔기후 변화협약^{UNFCCC}을 체결했다.

제2차 평가보고서는 1995년에 나왔다. 이때는 '인간이 기후 변화의 원인 중 하나일 수도 있다'는 것 정도가 밝혀졌는데, 이것을 기반으로 1997년에 교토의정서가 체결되었다.

2007년에는 제4차 평가보고서가 나왔다. 이때는 '기후 변화에 인간의 책임이 90% 이상일 것'이라는 걸 상당히 명확하게 발표했고, 그 업적으로 IPCC가 노벨평화상을 받았다. 2013년 제5차 평가보고서에서는 '인간의 책임이 99% 이상으로 거의 인간의 책임이다'라고 밝혔다.

그리고 2015년 우리가 잘 아는 '파리기후변화협정(이하 파리기후협정)'을 맺고 전 세계 모든 나라가 기후 변화 완화를 위해 함께하자고 서명했다. 그로부터 8년 후인 2021년에는 제6차 평가보고서가 나왔다. 제6차 보고서가 나오면서 '기후 변화는 명백하게 인간의 책임이다'라는 것이 기정사실화되었다.

1990년 제1차 평가보고서부터 제6차 평가보고서가 나올 때까지 무려 30년에 걸쳐 과학자들은 '기후 변화는 인간의 산업 활동으로 인한 온실가스 때문에 일어난 것'이라는 점을 명백하게 밝혔다. 이제 기후 변화에 대한 인간의 책임을 의심하는 사람은 거의 없다.

IPCC의 제6차 평가보고서에서 나온 주요 메시지를 보자.

"최근 기후 변화는 광범위하고 빠르며 심해지고 있고, 과거 수천 년 혹은 수십만 년 동안 전례 없던 수준이다."

IPCC 평가보고서에서 지난 1500년 동안의 지구 기온의

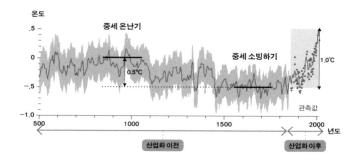

지난 1500년간 지구의 기온의 편차 변화[1]

편차를 나타낸 그래프에서 알 수 있듯이 중세 온난기도 있었고, 중세 소빙하기도 있었다. 온난기와 소빙하기 사이에는 기껏해야 0.5도 정도의 편차를 보였는데, 지난 100년 동안 1도 이상 온난화가 되었다. 그런데 NASA의 연구 결과에 따르면, 지난 5000년 동안에 일어났던 기온 상승과 비교할 때 최근 100년 사이에 무려 6~14배 빠른 속도로 기온이 상승했다.

지구상에는 수많은 생물종이 살고 있다. 미생물인 바이러스부터 시작해서 우리 인간까지 거의 1400만 종의 생물종이 있다고 한다. 서서히 기온이 변하면 이런 생물종들이 적응하고 살 수 있지만, 기온이 빠른 속도로 변하면 적응하지 못하고 멸종하게 된다. 그리고 생물종들이 멸종하면 우리의 식량을 공급하는 먹이사슬이 무너져서 식량 위기에 직결된 문제일 수 있다.

제6차 평가보고서의 최종 결론을 보면 "현재의 CO_2 농도는 지난 200만 년 중에서 가장 높다"라고 한다. 이는 굉장히 심각한 것이다.

제6차 평가보고서는 이렇게 덧붙인다.

"해수면 상승 속도도 지난 3000년 기간을 비교할 때 현재 가장 빨리 상승하고 있다. 북극의 해빙 양은 지난 1000년과 비교했을 때 지금이 가장 적다."

이렇듯 IPCC의 과학자들은 기후 변화가 명백하게 우리 지구상에 일어나고 있으며, 그 원인은 인간이 산업 활동에서 화석연료를 사용해 배출한 온실가스라는 것을 밝혀냈다.

기후 위기 시대의
서막이 오르다

기후 변화를 넘어 기후 위기의 시대로

기후 변화로 인한 기상 이변이 빈번히 발생하면서 기후 위기의 시대가 왔다고 본다. 최근 우리가 언론을 통해서 알게되거나 실제 피부로 느끼거나 경험한 기후 위기의 현상을 한번 살펴보도록 하겠다.

2020년 한반도 장마는 무려 54일간 지속됐다. 일반적으로 우리나라의 장마 기간은 32일이 평균인데 54일 동안 장마가 지속되면서 50명이 사망하고 1조 2500억 원 정도의 엄청난 재산 피해가 발생했다.

이 시기 이와 같은 특이한 장마가 왜 발생하게 되었는지 언론이나 국민의 관심이 컸다. 그 원인을 기후과학자나 기상학자들에게 묻자 하나같이 "기후 변화의 이유를 대지 않고는 설명할 길이 없다"라고 답했다. 즉 기후 변화로 인해 우리나라에도 한 번도 경험해보지 못한 긴 장마가 일어난 것이다.

장마는 우리나라에서 비가 많이 내리는 시기로, 동아시아 몬순 시스템의 일부다. 장마는 6월 하순부터 7월 하순까지 우리나라를 포함하여 중국, 일본 지역에서 남쪽의 온난 습윤한 열대성 기단과 북쪽의 한랭 습윤한 한대성 기단이 만나서 형성되는 정체전선으로, 한·중·일에 장기간 많은 비를 내리게 하는 기상 현상을 말한다.

이러한 현상을 우리나라는 장마, 중국은 '메이유', 일본은 '바이우'라고 부른다. 이 전선은 북태평양 기단의 세력이 확대되면서 북쪽으로 이동했다가 8월 말이나 9월 초에 다시 남하하여 가을장마 형태로 약간의 비를 내리고 생을 마감하게 된다.

그럼 2020년 최장의 장마 때는 어땠을까? 기후 변화로 북극에 이상 난동이 발생하여 북극을 둘러싸고 있던 제트 기류가 사행蛇行을 이루면서 북극의 찬 공기가 동북아시아 지역까지 남하한다. 그래서 한·중·일에 걸쳐 있던 장마 전

선이 북상하지 못하고, 장기간 많은 비를 내리고 수명을 다하게 되었다. 따라서 2020년 54일간의 긴 장마는 기후 변화로 발생한 북극의 이상 난동이 그 원인이라고 설명할 수 있다.

2021년에는 연중 다양한 기상이변이 발생했다. 1월에는 엄청난 혹한과 한파가 있었다. 2~3월에는 100년 만에 가장 따뜻했다. 얼마나 따뜻했던지 벚꽃도 예년보다 10일 정도 빨리 피었다. 우리나라에 벚꽃 축제를 하는 지자체가 많은데 벚꽃이 열흘이나 일찍 피어버렸으니, 축제 전에 벚꽃이 지지 못하게 벚나무에다 얼음을 감싸는 등 해프닝도 있었다.

2월, 3월의 날씨가 따뜻하니까 사과꽃이나 배꽃도 예년보다 이른 4월 초에 피었다. 그런데 갑자기 4월에 한파주의보가 내렸다. 영하의 날씨가 나타나 사과와 배꽃이 냉해를 입었고 과수 농가에 큰 피해를 줬다.

2021년 6월에는 장마가 거의 없어서 마른장마로 끝났다. 그리고 10월에서 가을장마 후 고온으로 배추 무름병이 생겨서 심각한 피해를 줬다. 당시 '김치가 금치'라는 말을 많이 들어봤을 것이다. 이렇듯 한 해 사이에 큰 기상 변화로 특히 농사에 심각한 피해를 가져오고, 이런 일은 기후 변화로 인해 앞으로 더 자주 있을 거라고 본다.

2022년에는 서울 강남에 집중호우가 내렸다. 수도권에 시간당 141.1mm가 내렸는데, 우리나라 기상 관측 이래 단시간에 가장 많은 비가 내린 것으로 기록되었다. 안타깝게도 신림동 반지하에 살던 장애인 가족이 목숨을 잃었고 지하철 강남역에서도 물난리가 났다.

그런데 중부지방에는 물난리가 나서 집중호우 경보가 발령되었지만 남해안 지역에서는 가뭄과 함께 폭염 경보가 있었다. 이렇게 한반도의 작은 면적 안에서도 서로 다른 극단적 기상 현상이 일어나는 것이 바로 기후 변화의 영향이다.

2022년 울진 삼척에서 엄청난 면적의 산림이 훼손된 대형 산불이 있었다. 산불의 원인을 자세히 살펴보면, 2022년 봄 직전 겨울의 3개월간 강수량이 예년 평균의 14%밖에 되지 않았다. 이렇듯 바짝 말랐던 산에 산불이 발생하니 쉽게 꺼지지 않고 열흘 이상 지속되면서 엄청나게 많은 나무가 소실되었다.

울진 삼척 산불을 어렵게 진화하고 나서 얼마 지나지 않아 같은 해 6월 초에 밀양 산불도 발생했다. 보통 6월에는 산에 풀이 돋아나는 시기라 산불이 발생해도 금방 꺼지는데, 무려 축구장 1000개 면적의 산림이 소실되었다. 6월에 이런 산불이 발생한 원인은 바로 전 달인 5월의 강수량이 예년 평균의 6%밖에 되지 않았기 때문이다.

이처럼 기후 변화로 인해 한 번도 경험해보지 못한 기상 이변이 우리나라 곳곳에서 일어나고 있다.

전 세계를 뒤흔드는 기후 재난

기후 변화에 따른 기상 이변이 전 세계 곳곳에서 발생했다. 2022년에 스페인과 포르투갈의 폭염과 산불이 심하게 발생했으며, 그 이전인 2020년 6월 시베리아 베르호얀스크 지역에서 평소 20도인 최고기온이 무려 38도를 기록했다. 그래서 북극의 영구 동토들이 하나씩 녹는 안타까운 일들이 일어났다.

일본에서도 2019년 5월에 홋카이도의 관측 사상 최고 기온인 39.5도를 기록했고, 2020년 여름에는 일본 서남부에 폭우가 쏟아졌다. 중국에서도 2020년 여름에 홍수가 발생해 6000만 명의 이재민이 발생하고 약 30조 원 규모의 경제 손실(2020년 8월 13일 기준)이 발생했다.

　미국도 기후 변화의 영향에 예외는 없었다. 2021년 미국 캘리포니아에서 역대 두 번째 규모의 산불이 발생했다. 호주에서는 2019년 9월부터 2020년 2월까지, 거의 6개월간 산불이 지속되면서 총 18만km² 이상의 산림이 전부 불 탔다. 무려 한반도 면적의 85% 규모다. 이 산불로 야생동물 약 5억 마리가 안타깝게 떼죽음을 당했다.

　산림이 이렇게 훼손되면 어떤 일이 일어날까? 원래 산림은 기후 변화의 원인이 되는 대표적인 온실가스 중 하나인 이산화탄소를 흡수하는 광합성을 통해 기후 변화를 완화하는 역할을 한다. 그런데 이렇게 많은 면적의 산림이 훼손되면 이산화탄소를 충분히 흡수하지 못한다. 게다가 산림이 불에 타면서 발생하는 이산화탄소로 인해 오히려 기후 변화가 더욱더 가속화된다.

　2021년 여름에 영국 기상청 예보를 보면 런던의 최고 기온이 40도였다. 런던은 위도가 45도이고 서울의 위도가 37.5도다. 위도가 높고 대서양 바다 해류의 영향을 받기 때문에 영국은 여름에도 에어컨이 필요 없는 나라다. 그런데 갑자기 기온이 40도까지 올라가서 온열질환자가 많이 발생했다. 특히 기저질환이 있는 노인들이 많이 사망했다.

영국뿐만 아니라 스페인, 프랑스, 포르투갈 등 유럽 전역에서 산불과 폭염으로 1000명 이상이 사망했다. 호주도 기온이 무려 50도까지 치솟았다. 세계 곳곳에서 최고기온을 기록하는 현상, 기후 재앙이 시작된 풍경이다.

또 다른 문제는 강수량 부족으로 인한 가뭄이다. 농업과 가장 밀접하게 관련된 것이 가뭄이다. 가뭄이 나고 강수량이 줄어들면서 하천이나 호수의 수위가 내려간다. 스페인에서는 가뭄으로 저수지에서 7000년 전에 만들어진 스톤헨지의 유물이 발견됐다는 뉴스가 들려왔다. 헝가리 다뉴브강에서도 제2차 세계대전 때 침몰한 독일 군함이 나타났다.

미국에서는 미드호에서 주민들의 식수와 농업용수를 공급받는데, 극심한 가뭄으로 수위가 많이 낮아지면서 후버댐 건설 이후 최저 수위를 기록했다. 그리고 중국 황하강도 가뭄으로 인해 최저 수위를 기록했다. 세계 곳곳에서 이런 가뭄 현상이 일어나고 있다.

세계 어떤 곳에서는 가뭄으로 홍역을 치르고 있는데 또 다른 곳에서는 홍수로 엄청난 피해를 겪는다. 2022년 6~8월 파키스탄에서는 국토의 3분의 1이 물에 잠기고 무려

3300만 명의 이재민과 1000명 이상의 사망자가 발생하는 대재앙이 일어났다. BBC와의 인터뷰에서 파키스탄의 한 공무원은 이번 홍수는 노아의 방주 경우처럼 "성서에나 나올 법한 홍수"라고 표현하기도 했다. 안토니우 구테흐스 UN 사무총장은 "파키스탄 홍수는 기후 대학살"이라고 했다.

그리고 미국의 사막 한가운데 데스밸리 공원 내 퍼니스 크리크 지역에 2022년 8월 6일 1년 치 강수량의 75%에 해당하는 371mm의 비가 하루 동안 쏟아져서 홍수가 발생했다. 사막에 홍수가 나다니, 거의 천 년에 한 번 일어날 현상을 우리 세대에 목격한 것이다.

미국 서부에서는 가뭄과 산불로 고통받고 있는데, 미국 동부 댈러스 지역에서는 집중호우로 인해 재난지역으로 선포되기도 했다. 이처럼 최근 기후 변화가 가속화되면서 기상이변이 세계 곳곳에서 일어나고 있다.

기후 변화로 인해 비가 많이 오던 지역에서는 더 많은 비가 와서 홍수 피해가 발생하고, 비가 적게 오던 지역에서는 더 적은 비가 와서 가뭄이 심각한 등 강수량의 양극화가 뚜렷하게 나타나는 것이 바로 기후 변화의 영향이고 기후 위기라고 보고 있다.

미래 경제는 기후 경제다

사실 기후 변화 대응은 경제를 위축할 수 있어서 문제 해결이 매우 어렵다. 다시 말해 기후 변화에 적극적으로 대응하면 경제를 위축하게 된다. 그래서 기후 변화 문제를 우리는 '불편한 진실'이라고 말하곤 한다. 2019년 영국 경제지《이코노미스트》는 1960년 이후의 급속한 경제 성장과 기온 상승을 보여주면서 "인류가 기후 변화와의 전쟁에서 지고 있다"라고 말했다.

매년 2월에는 스위스 다보스에서 WEF이 열린다. 이 포럼 개최 전에 전 세계의 저명한 정치, 경제, 사회, 과학자 등 전문가 1000여 명을 대상으로 설문조사를 해서 '미래 경제의 위험 요인 10가지'를 발표한다.

최근 발표된 것을 보면 미래 경제의 발목을 잡는 1위가 바로 '극단적 기상이변'이다. 기후 변화 대응의 실패와 자연재해가 가장 큰 위험 요소라는 것이다. 따라서 미래 경제는 기후 경제라고 해도 과언이 아니다.

2018년 노벨 경제학상 수상자로 윌리엄 노드하우스 예일대 교수가 선정되었는데, 노드하우스 교수의 업적이 바로 '거시경제와 기후 변화 연구'다. 다시 말해서 지구 온난화가 얼마나 심각한 문제인지, 탄소세·배출량 총량거래제 등의 경제 정책이 실효성이 있으려면 어떠해야 하는지에 대한 사실을 과학적인 데이터를 기반으로 설명했다.

그 내용을 정리한 책이 『기후 카지노』다. 그의 이론에 따르면, 지금 기후 변화를 위해 투자를 아끼지 않는 것이 회복할 수 있는 미래 경제의 원천이 될 것이다. 다시 말해 기후 변화 투자를 위해서 카지노에서 룰렛 게임을 하듯 할까 말까 망설여서는 안 된다는 이론이다.

기후 변화 대응과 관련한 'RE100'이라는 단어를 알고 있는가? RE100은 '기업이 사용하는 에너지의 100%를 신재생에너지로 충당하겠다'고 선언한 글로벌 기업들의 연합체다. RE100 그룹에는 우리나라의 SK나 삼성전자 등 여러 기업이 참여하고 있다.

앞으로 신재생에너지나 기후 변화 대응을 위한 정책을 하지 않는 기업들은 살아남지 못할 것이다. 요즘 많이 회자하는 ESG 경영, 즉 환경에 대한 투자와 사회에 대한 기여, 지배 구조에 대한 투명성 등이 기업들이 앞으로 추구해야 할 방향이다.

기업들이 해외 투자 등을 할 때 금융기관에서 융자를 받지 않고서는 추진이 거의 불가능하다. 앞으로 기업들은 기후 변화 대응에 역행하는 사업인 석탄화력발전소를 건설할 때는 금융기관으로부터 투자받지 못하게 될 것이다. 이것이 바로 ESG 경영과 RE100의 핵심이라고 볼 수 있다. 따라서 앞으로 어느 기업이든 기후 변화 대응을 위해 앞장설 수밖에 없을 것이다.

기후 변화는 어떻게
세계를 굶주리게
만드는가

인류의 역사는 기후와 농업의 역사

지금까지 여러 현상을 통해 기후 변화의 심각성을 알아보았다. 우리가 기후 위기의 시대를 살고 있다는 것을 실감했을 것이다. 농업은 기후 의존성이 굉장히 높으며, 특히 식량 생산에 있어 기후 위기가 가장 큰 위험 요인이 될 수 있다.

달리 말하면 농업은 기후 변화에 매우 취약한 산업이다. 기후 변화의 직접적인 영향을 받아 농업 생산량이 감소하고, 병해충과 이상 기상으로 인해 농업 환경이 변하고, 과수나 작물의 재배 적지가 북상한다.

그러면 재배 기술도 바꿔야 하고, 가용 농업용수의 변화

기후 변화의
직접적인 영향

식량생산변화

농업환경 변화
병해충 및 이상기상 증가

작물재배 적지 변화

가용 농업용수량 변화

축산물 생산량 변화

농업의 직접적인 기후 변화 영향

나 축산물의 변화 등도 나타난다. 그러므로 기후 변화 대응
과 식량 안보를 위해 많은 관심과 투자가 필요하며, 국가
차원에서 선제적으로 대응해야 한다.

인류의 역사는 기후와 농업의 역사라고 말할 수 있다.
우리 인류의 조상인 호모 사피엔스가 약 20만 년 전에 탄
생했다고 알려졌다. 그리고 지금으로부터 약 1만 2000년
전에 마지막 빙하기가 있었다. 호모 사피엔스는 20만 년부
터 마지막 빙하기까지, 구석기 시대에는 기후 변동이 심하
여 정착 생활을 하지 못하고 수렵 채집을 통한 유랑 생활을
하면서 살아왔다.

마지막 빙하기가 지나서, 1만 년 전부터 지금까지 지구의 기온이 아주 안정화됐다. 이처럼 안정적인 간빙기를 지질학 용어로는 '홀로세'라고 부른다. 기후가 안정되면서 그제야 인류가 정착 생활을 하면서 농업을 시작했다. 인류가 정착한 지역에서 문명이 발달하고 청동기, 철기 시대를 거쳐서 그리스·로마 대제국들이 형성되었다.

　　이러한 제국들과 왕조들은 기후와 농업 생산성에 따라 흥망성쇠를 겪어왔다. 많은 왕조가 흥하고 망할 때를 보면 그 근저에는 바로 농업에 적합한 기후의 유불리가 있었다. 가뭄이나 홍수 등으로 농업 생산량이 줄어들어 먹고살기가 힘들어지면 농민 봉기가 일어났다.

　　중국 왕조의 역사를 살펴보면, 918년 당나라가 탄생하여 기후가 안정되고 식량 생산이 뒷받침되어 흥했으나 말기에 큰 가뭄으로 생활이 어려운 농민들이 '황소의 난'을 일으켜 당나라가 멸망하고 송나라가 탄생했다.

　　송나라는 기후가 안정되어 번창했으나 몽골의 침입으로 멸망하고 원나라가 탄생했다. 하지만 원나라 역시 대 가뭄과 기상이변으로 흉년이 들면서 '홍건적의 난'이 발생하여 원나라가 멸망하고 명나라가 탄생했다. 농민의 아들인

주원장이 건설한 명나라 역시 말기 큰 가뭄을 겪으면서 농민 봉기인 '이자성의 난'이 발생하여 멸망하게 되었다. 이렇듯 중국의 왕조들이 기후와 농업에 의해서 흥망성쇠를 반복했다.

늘어나는 인구를 위한 식량 확보

세계자연기금(WWF)의 보고에 따르면 지구별 하나에서 식량, 물, 에너지를 제공하기 가장 적절한 인구 수는 50억 명이라고 추정한다. 그 50억 명에 도달한 시기가 1987년 7월 11일이다. 그래서 UN에서는 7월 11일을 '세계 인구의 날'로 지정하여 기념하고 있다. 전문가들은 지구상에서 식량과 에너지 물을 공유하며 살 수 있는 최대 인구수를 80억 명이라고 보고 있다. 그런데 2022년 11월 15일 세계 인구가 80억 명을 돌파했다.

그리고 UN 인구 전망에 따르면 2057년에 지구 인구가 100억 명에 이를 것이라고 한다. 이 인구를 먹여 살리려면 지금보다 식량 생산이 56% 더 늘어나야 한다. 20억 명이 늘어나는데 왜 56%나 증가해야 할까? 앞으로 증가할 인구 대부분이 아프리카나 개발도상국의 인구이기 때문이다.

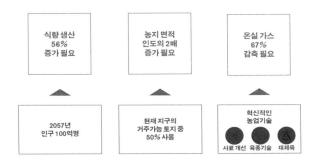

2057년 100억 인구 시대[2]

일반적으로 개발도상국에서 경제력이 좋아지면 육식을 많이 하게 되고, 이에 따라 식량 소비량이 2~3배로 늘어난다. 육식을 많이 하게 되어 식량 소비량이 늘기 때문에 56%가 더 필요해지는 것이다.

56%의 식량을 더 생산하려면 인도 면적의 두 배나 되는 농토가 필요한데, 그 땅이 어디서 나올까? 결국 아마존의 밀림을 훼손해야 하고 온실가스 배출을 67% 더 늘려서 기후 변화를 더 악화시키게 된다. 이런 문제를 해결하기 위해서는 식량 생산이나 농업 기술 등에서 혁신을 이루어야 한다.

'애그플레이션agflation'이라는 말이 있다. 이것은 농업의 애그리컬처agriculture와 인플레이션inflation이 합쳐진 말로, 국제 곡물 가격이 급등하는 것을 뜻한다. 그 원인은 기후 변화와 육식의 증가다. 왜냐하면 소고기 1kg을 생산하기 위해서 사료로 곡물 약 10kg를 먹여야 하기 때문이다. 그러니까 결국 곡물 수요가 늘고 가격이 오른다. 그뿐만 아니라 곡물을 수송해야 하는데, 운송료 등이 올라가면서 역시 곡물 가격이 올라간다. 원유 가격이 올라가면 바이오 에너지를 많이 쓰게 되는데, 옥수수나 콩 혹은 사탕수수로 바이오 연료를 만든다.

전 세계 식량 위기의 발생 원인을 몇 가지로 말할 수 있다. 식량 생산량이 감소하는 것이 첫 번째 요인이다. 기상 악화, 기후 변화로 인해 흉작이 되면 식량 생산량이 절대적으로 감소한다. 이것이 식량 위기의 가장 중요한 원인이 된다. 또 식량 생산량이 감소하기 시작하면 수출하는 국가들이 수출을 제한하는 일들이 생긴다. 이런 국가적인 정책에 따라 식량 공급에 차질이 생기면서 식량 위기가 올 수 있다.

각국에서는 적당한 양만큼 식량 재고량을 갖고 있다. UN 식량농업기구에서는 18% 정도 재고량을 유지하도록 권고하고 있는데, 식량이 생산이 줄고 가격이 올라가면 재고량을 늘리게 될 것이다. 이 또한 식량 위기의 원인이 된다. 쉽게 말해 식량 생산량이 줄어들고 재고량이 줄어들면 국가들도 사재기를 한다. 경제력이 있는 나라가 사재기를 많이 하면 공급과 수요 법칙에 따라 공급은 줄어들고 수요는 증가한다. 그 결과 곡물 가격이 폭등하는 것이다.

또 하나의 원인은 농업에 대한 정부와 국민의 관심이 줄어드는 것이다. 많은 국가에서 농업에 대한 R&D 투자가 축소되면서 곡물 생산량이 급속히 줄어드는 것도 국제 곡물 시장의 가격 폭등을 야기하고, 식량 위기로 이어진다.

생산량 감소	수출 제한	재고량 감소	단수 증가율 감소
원인: - 기상 악화로 인한 흉작 - 각종 재난 등	원인: - 수출국 자국 내 식품물가 안정	원인: - 단수 증가율 감소 - 저곡가로 인한 식품 이외 용도 곡물 소비 증가	원인: - 저곡가 지속 등으로 농업 R&D 투자 감소
영향: - 생산량 감소 - 각종 재난 등	영향: - 국제 곡물 시장 공급량 감소	영향: - 가격 완충 역할 약화로 국제 곡물 가격 불안정성 확대	영향: - 생산량 증가율 둔화

공급 측면에서 곡물 시장 위기 발생의 원인과 영향[3]

춤을 추듯 요동치는 곡물 가격

2008년부터 지금까지 전 세계 주요 곡물, 즉 밀, 옥수수, 대

두(콩)의 가격 변동을 보면, 가격이 거의 춤을 추듯 심하게 변했다. 이런 가격 변동의 요인은 여러 가지가 있지만, 그 중 가장 큰 요인은 바로 기후 변화에 의한 가뭄, 홍수 등의 극단적 기상이변이다.

2007~2008년에 주요 곡물 생산국에서 심각한 가뭄이 발생하고, 국제 원유 가격 상승으로 인해 국제 밀 가격이 폭등했다. 그런데 중국, 인도 등에서 중산층의 소비 식량이 증가하면서 세계 식량 비축량이 감소했다.

이렇게 국제 밀 가격이 폭등하면 밀을 수입하는 나라에서는 식품 가격이 크게 상승해서 사회가 불안해진다. 대표적으로 2008년 튀니지에서는 국제 밀 가격이 폭등하면서 폭동이 일어나고 나아가서 정권이 무너지는 사태까지 벌어졌다.

앞서 언급했듯 2010년에는 러시아와 우크라이나에 대가뭄이 있었다. 러시아와 우크라이나는 전 세계 밀 수출량의 4분의 1 정도를 차지한다. 그런데 이들 나라에서 가뭄이 발생하고 생산량이 줄어들면서 밀 수출을 일부 중단하니까 국제 밀 가격이 폭등한 것이다.

이집트와 같이 밀을 가장 많이 수입하는 나라에서는 빵

가격이 폭등하면서 서민들은 빵을 달라고 폭동까지 일으켰다. 결국 장기 집권한 독재자들이 정치를 잘못해서 이런 일이 생겼다는 여론이 형성되면서 정권이 무너지는 사태가 일어났다.

이것이 바로 '아랍의 봄'이라고 불리는 사건이다. 아랍에서 폭동이 발생한 근본적이고 가장 큰 원인은 밀 수출국인 러시아와 우크라이나의 대 가뭄에 따른 밀 생산량의 감소, 그리고 그로 인한 국제 밀 가격의 폭등이었다.

2012~2014년에는 기후 변화에 따른 기상이변으로 미국이나 동유럽에 대 가뭄이 발생했다. 그때 국제 곡물 가격이 폭등했다. 2017년에는 미국 허리케인 등 기상 악화로 밀과 옥수수 생산량이 감소했다. 그러나 코로나-19 발생 이전인 2014~2019년에는 그래도 국제 곡물 가격이 안정되었다. 그래서 식량 위기에 대한 경각심도 무뎌졌던 시기다.

그러다 2019년 후반에 코로나-19라는 글로벌 팬데믹이 일어나면서 곡물을 생산, 운송하는 데 문제가 생겼다. 브라질은 곡물 주산지의 이동 제한lock down으로 공급 차질 발생, 아르헨티나에서 코로나-19 확산 방지를 위해 국경 폐쇄, 캄보디아와 베트남의 쌀 수출 금지 등으로 식량 공급에 문제가 생겨서 국제 곡물 가격이 폭등했다.

이처럼 코로나-19와 같은 글로벌 팬데믹 역시 식량 위기의 원인이 될 수 있다. 게다가 2022년 가장 많은 곡물을 수출하는 우크라이나와 러시아 사이에 전쟁이 발생하면서 다시 식량 가격이 폭등했다.

이렇듯 우리가 수입하는 국제 곡물 가격은 기후 변화의 영향과 글로벌 팬데믹 그리고 러시아-우크라이나 전쟁 등으로 인해 급등하면서 국제적인 식량 위기를 맞았다. 앞으로 기후 변화의 영향이 더 자주 더 강력하게 발생하여 전 지구적 식량 위기가 나타날 것이다.

또한 기후 변화는 특히 농업에 많은 영향을 미친다. 전 세계적으로 수자원의 70% 정도를 농업에서 사용하고 있어서 가뭄과 같은 물 부족은 농업 생산에 가장 치명적이다. 반대로 홍수로 인한 농작물의 피해도 증가하고 있다.

산업혁명 이후 지난 150년간 지구 기온이 1.1도 정도 올라갔다고 했다. 이제 우리가 반드시 지켜야 할 온도 상승 1.5도에 가까워지고 있다. IPCC의 「1.5도 특별보고서 IPCC Special Report on Global Warming 1.5℃」에 따르면 만약 지구 온도가 2도까지 올라간다면, 1.5도 올라갈 때보다 극한 기상현상이 170% 증가한다. 심각한 영향을 받는 생물종은 곤충이 18%, 식물은 16%, 척추동물은 8% 증가하고, 전 세계 산호초가 소실되며, 열대 지방의 농작물 수확량과 영양소 함유량이 크게 낮아진다고 경고한다.

중세 온난기와 소빙하기를 겪으면서
어떤 문제가 생겼는가?

지난 2000년 동안 지구상의 기온변동 추이에서
서기 1000년부터 1300년까지 기온이 평균보다
높게 나타난 시기를 중세 온난기로 부른다. 중세
온난기는 기후가 안정되고 식량 생산이 뒷받침되
어 제국이나 왕조가 융성한 시기였다.

우리나라에서는 475년 지속된 고려왕조가 중세
온난기를 맞아 번성했다. 이 시기에 세계적으로
중국의 송나라, 칭기즈칸이의 몽골제국, 프랑크

왕국, 독일왕국과 이탈리아왕국을 중심으로 유럽에 존재했던 다민족 국가체제인 신성로마제국 등이 태평성대를 이루었다.

한편, 서기 1400년부터 1900년까지 중세 약 500년간 기온이 평균보다 낮게 나타난 시기를 중세 소빙하기라고 부른다. 이 시기에는 기후 변동이 심해서 가뭄과 홍수가 주기적으로 발생하고, 농업에 치명적인 병해충이 발생하여 농업 생산성이 크게 떨어졌다. 그 결과 극심한 기근이 발생하여 많은 사람이 굶어 죽었다.

또한 14세기 유럽에서 7500만~2억 명의 목숨을 앗아간 흑사병도 이 시기에 발생했다. 17세기의 중세 소빙하기에 나타난 대표적인 사건으로는 아일랜드의 엑소더스를 들 수가 있다. 우리나라에서는 조선 후기에 조선을 지옥으로 만든 경신대기근이 그 예다.

17세기 소빙하기의 원인은 아직 정확하게 밝혀지지 않고 있다. 몇몇 학자들은 태양 활동과 관련하여 17세기 후반에는 마운더 극소점^{Maunder}

Minimum으로 지목되는 흑점 활동이 가장 미약한 시기가 존재했는데, 이것이 지구 기온 강하로 나타났다고 설명하고 있다. 또한 혜성이나 운석 등 지구 밖의 동향이 영향을 미쳤다거나, 화산 폭발 등의 또 다른 자연재해가 영향을 미쳤다는 주장이 있다. 현재는 당시의 역사 기록뿐만 아니라 꽃가루 측정, 빙하 퇴적 측정, 나이테 측정 등을 통해 원인을 알아내려는 연구들이 이루어지고 있다.

빙하가 녹으면 고대 바이러스가 또 활동할 수 있다고 하는데, 그럼 새로운 바이러스가 나타날까?

당연히 나타날 수 있다고 생각한다. 특히 최근 북극이나 시베리아 지역에 영구 동토가 녹으면서 수만 년 전부터 갇혀 있던 바이러스가 발견되기도 했다. 지구상에서는 약 1400만 종의 생물종이 살고 있는데. 그중 우리가 밝힌 것은 180만 종뿐이다.

그런데 밝혀내지 못한 생물 중에 미생물이나 바이러스가 너무 많다. 이런 것들이 빙하에 갇혀 있다가 나와서 인류한테 큰 피해를 줄 수도 있고, 인류에게 도움이 되는 바이러스도 있다.

앞으로 기후 변화로 인해 새로운 바이러스의 출현에 대비한 연구를 해나가야 한다. 최근 코로나바이러스를 경험했지만, 그전에 메르스가 있고 신종 플루가 있었다. 거의 5년마다 새로운 바이러스가 나타나고 있다. 앞으로 계속 기후 변화로 인해 전에 없던 바이러스가 나타날 것이다. 즉 기후 변화로 인해 앞으로 더 많은 바이러스와 글로벌 팬데믹을 경험할 수도 있다.

기후는 지구 역사 내내 모든 시간대에서 변해왔
다. 현재의 기후 변화에는 과거 한 번도 경험해보
지 못한 이상한 측면도 있다. 대기의 이산화탄소
농도는 5000년 전에 비해 기록적으로 높은 수준
인 데다가 유례없이 빠른 속도로 증가했다. 현재
의 지구 기온은 적어도 과거 500년 전보다 높고,
어쩌면 1000년 전보다도 높을 것이다.

지구 온난화가 계속하여 완화되지 않는다면 금
세기 내에 지질학적 측면에서 극히 이상한 기후
변화가 일어날 것이다. 지구 역사에서 과거의 기
후 변화는 자연적 원인으로 일어났으나 지난 50년
간 지구 온난화의 대부분은 인간 활동에 원인이
있다.

현재의 기후 변화를 우려하는 주요 이유는 대
기 이산화탄소 농도의 증가 때문인데 이 농도는
제4기(Quaternary, 대략 최근 200만 년) 치고는 매우

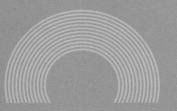

사유의 새로운 지평

Philos 시리즈

인문·사회·과학 분야 석학의 문제의식을 담아낸 역작들
앎과 지혜를 사랑하는 사람들을 위한 우리 시대의 지적 유산

arte

Philos 001–003
경이로운 철학의 역사 1-3
움베르토 에코·리카르도 페드리가 편저 | 윤병언 옮김

문화사로 엮은 철학적 사유의 계보

움베르토 에코가 기획 편저한 서양 지성사 프로젝트
당대의 문화를 통해 '철학의 길'을 잇는 인문학 대장정

165*240mm | 각 904쪽, 896쪽, 1096쪽 | 각 98,000원

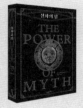

Philos 004
신화의 힘
조셉 캠벨·빌 모이어스 지음 | 이윤기 옮김

왜 신화를 읽어야 하는가

우리 시대 최고의 신화 해설자 조셉 캠벨과
인터뷰 전문 기자 빌 모이어스의 지적 대담

163*223mm | 416쪽 | 28,000원

Philos 005
장인: 현대문명이 잃어버린 생각하는 손
리처드 세넷 지음 | 김홍식 옮김

"만드는 일이 곧 생각의 과정이다"

그리스의 도공부터 디지털시대 리눅스 프로그래머까지
세계적 석학 리처드 세넷의 '신(新) 장인론'

152*225mm | 496쪽 | 38,000원

Philos 006
레오나르도 다빈치:
인간 역사의 가장 위대한 상상력과 창의력
월터 아이작슨 지음 | 신봉아 옮김

"다빈치는 스티브 잡스의 심장이었다!"

7200페이지 다빈치 노트에 담긴 창의력 비밀
혁신가들의 영원한 교과서, 다빈치의 상상력을 파헤치다

160*230mm | 720쪽 | 68,000원

Philos 007
제프리 삭스 지리 기술 제도:
7번의 세계화로 본 인류의 미래
제프리 삭스 지음 | 이종인 옮김

지리, 기술, 제도로 예측하는 연결된 미래

문명 탄생 이전부터 교류해 온 인류의 7만 년 역사를 통해
상식을 뒤바꾸는 협력의 시대를 구상하다

152*223mm | 400쪽 | 38,000원

거부할 수 없는 물결, 새 시대의 상식

Philos Feminism

기꺼이 맞서 새 시대를 연 여성들의 목소리
쟁점을 사유하고 새로운 화두를 던지는 이 시대의 고전

Philos 018

느낌의 발견: 의식을 만들어 내는 몸과 정서

안토니오 다마지오 지음 | 고현석 옮김 | 박한선 감수·해제

느낌과 정서에서 찾는 의식과 자아의 기원

'다마지오 3부작' 중 두 번째 책이자 느낌-의식 연구에 혁명적 진보를 가져온 뇌과학의 고전. 다양한 임상사례를 근거로 몸과 정서가 긴밀히 상호 연관되어 우리의 의식과 자아를 형성한다는 사실을 밝힌다.

135*218mm | 544쪽 | 38,000원

Philos 019

현대사상 입문: 데리다, 들뢰즈, 푸코에서 메이야수, 하먼, 라뤼엘까지 인생을 바꾸는 철학

지바 마사야 지음 | 김상운 옮김

인생의 '다양성'을 지키기 위한 현대사상의 진수

아마존재팬 철학 분야 1위, '신서대상 2023' 대상 수상작. 이해하기 쉽고, 삶에 적용할 수 있으며, 무엇보다도 마음을 위로하고 격려하는 궁극의 철학 입문서.

132*204mm | 264쪽 | 24,000원

Philos 020

자유시장: 키케로에서 프리드먼까지, 세계를 지배한 2000년 경제사상사

제이컵 솔 지음 | 홍기빈 옮김

당신이 몰랐던, 자유시장과 국부론의 새로운 기원과 미래

'애덤 스미스 신화'에 대한 파격적인 재해석. 시장과 정부, 자유와 통제를 논한 2000년 경제사상사에서 새로운 자유시장을 위한 통찰과 경제위기의 해법을 찾는다.

132*204mm | 440쪽 | 34,000원

Philos 021

지식의 기초: 수와 인류의 3000년 과학철학사

데이비드 니런버그·리카도 L. 니런버그 지음 | 이승희 옮김 | 김민형 해제

서양 사상의 초석, 수의 철학사를 탐구하다

고대 그리스철학과 유일신교의 부상에서부터 근대 물리학과 경제학의 출현까지, '셀 수 없는' 세계와 '셀 수 있는' 세계의 두 문화와 인문학, 자연과학, 사회과학을 넘나드는, 수를 둘러싼 심오하고 매혹적인 삶의 지식사.

132*204mm | 626쪽 | 38,000원

이상하다. 현재 남극 빙핵을 통해 과거 80만 년 전의 이산화탄소 농도가 정확히 알려져 있다. 이 시대의 이산화탄소 농도는 차가운 빙하시대의 최저 180ppm과 따뜻한 간빙기의 최고 300ppm 사이에서 변화했다.

그런데 지난 100년 동안에는 이산화탄소 농도가 이 범위를 상당히 벗어나며 급속히 증가했고 현재는 421ppm이다. 비교 차원에서, 과거 빙하기 말기에 이산화탄소 농도가 대략 80ppm 상승하는 데는 5000년 이상 걸렸다. 현재 수준보다 높은 농도는 수백만 년 전에나 발생했었다.

2부＿＿＿＿＿＿＿

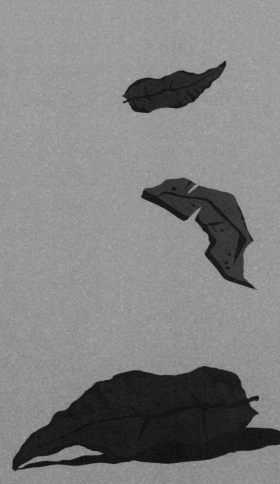

풍요로운
지구의 끝,

굶주리는
세계의 시작

멀게만 느껴지는 '식량 위기'의 시대, 대한민국은 과연 안전할까? 한반도에서 기후 변화 시스템이 흔들리며 우리 농업이 어떻게 변해왔고 지금은 어떤 상태인지, 기후 변화가 대한민국 사회에 미치는 현주소를 들여다본다. 그리고 '우리의 식량은 이대로 괜찮은지 함께 생각해보고자 한다.

한반도에서
사계절이 사라지고 있다

100년 동안의 지구 온난화

한반도의 기후 변화에 대해 알아보려면 한반도에서 관측된 기상 자료를 잘 분석해야 한다. 우리나라는 1904년 인천, 부산, 목포에 기상대가 설치된 때부터 기온과 강수량을 과학적으로 관측해왔다. 1907년에는 서울과 대구에 기상대가 설치되었다. 1911년에는 동해안 강릉에 기상대가 설치되었다. 이렇게 6개의 기상대가 지난 100년간의 관측 자료를 가지고 있다.

한반도를 대표할 수 있는 여섯 개 기상대의 관측 자료를 분석해보면, 지난 100년간 연평균 기온은 13.2도다. 연평균 최고기온은 17.5도, 연평균 최저기온은 8.9도였다. 그리고 연 강수량은 1237.4mm이며 7월에 272.5mm로 가장 많고 6월, 7월, 8월, 여름 3개월간의 강수량이 전 강수량의 56% 이상을 차지하는 기후 특성이 있다.

지난 100년간 최저기온은 2.4도 정도 올랐다. 다시 말해 온난화가 일어난 것이다. 평균 기온은 100년간 1.8도 올랐다. 전 세계적으로 기온이 1.1도 정도 올랐으니 세계 평균과 비교하면 우리나라에서는 두 배 가까이 더 크게 온난화가 된 것이다.

기상청에서는 1906년부터 한강의 결빙을 관측했다. 한강의 결빙은 한강대교 두 번째와 네 번째 교각 상류 100m 부근의 띠 모양 구역이 완전히 얼음으로 덮여 강물이 보이지 않을 때를 결빙으로 판단한다. 1900년대에 한강에 얼음이 어는 날은 거의 3개월에 가까운 80일이었는데 2000년대에는 15일로 감소했다.

우리나라는 예로부터 겨울이면 한강이 꽁꽁 얼었다. 조선시대 우리 선조들은 지혜롭게도 한강의 얼음을 겨울에 채취해서 동쪽 얼음 창고인 동빙고와 서쪽 얼음 창고인 서빙고에 저장해두었다가 한여름에도 왕실에서 얼음을 먹었다. 현재 한강 변에 있는 동빙고, 서빙고라는 지명이 바로 여기서 나온 것이다.

1960년대까지만 해도 한강에서 얼음을 채취했고, 당시 실내 빙상경기장이 없어서 한강에서 전국 동계체전 빙상 경기를 하기도 했다. 그런데 최근 50년 한강의 얼음이 완전히 얼어서 걸어서 한강을 건너가는 것을 볼 수가 없다. 한강의 결빙이 관측되지 않은 해가 2000년 이후 2006년, 2019년, 2021년에 나타났다. 한강의 결빙자료에서 보듯 우리나라의 온난화는 최근 50년 사이에 빠르게 진행되고 있다.

2018년 여름 폭염과 열대야를 기억하는가? 개인적으로 그때를 잊어버릴 수가 없다. 당시 기상청장으로 기상예보 업무를 총괄하는 위치에서 폭염, 열대야 예보가 몇 주 연속 틀리면서 국민으로부터 많은 질책을 받기도 했던 시기다. 2018년은 기상학 분야에 종사하는 사람에게는 잊을 수 없는 굉장히 특이한 한 해였다.

대구가 덥다고 해서 '대프리카'라고 불리는데, 그 과학적 근거는 1942년 8월 1일 대구 기상대에서 기록한 최고 기온 40도로, 그게 우리나라의 최고 기록이었다. 그런데 2018년 같은 8월 1일에 홍천기상관측소에서 41도를 기록하면서 대구의 기록이 홍천으로 넘어갔다. 다시 말해 우리나라 최고기온의 기록이 대구에서 76년 만에 홍천으로 넘어간 해가 바로 2018년이다. 당시 서울도 39.6도를 기록하면서 111년 만에 최고기온을 기록했다.

기상청은 전국에 600여 개의 기상관측소를 운영하고 있는데, 그중 60% 이상에서 관측 이래 최고기온을 기록했던 것이 2018년 여름이다. 2018년 전국 평균 폭염 일수는 31.4일(평년 9.8일), 열대야 일수 17.7일(평년 5.1일)로 관측 이래 최다 1위를 기록했다.

질병관리청 보고에 따르면 여름철 폭염으로 인한 온열질환자 수는 4526명(사망 48명)으로 2011년 이후 최다를 기록했으며, 최대 전력 수요는 92,478MW(7월 24일)를 기록하여 역대 최대치를 경신했다. 또한 해양 고수온 현상이 지속되면서 어류집단 폐사 등으로 양식 어민들이 큰 피해를 보았다.

더 잦고 더 강력해진 기상 이변

이런 기상 이변이 이제는 너무나 자주 일어난다. 특히 지구온난화에 따른 기온 상승으로 폭염은 더 자주, 더 강력하게 찾아온다. 뉴스에서 '100년 만의 폭염', '100년 만의 호우', '100년 만의 가뭄' 같은 기사가 잦아졌다. '100년 만'이라는 말은 그만큼 흔치 않은 현상이라는 것인데, 그 뉴스가 거의 매년 나온다는 건 기록이 매년 경신되고 있다는 뜻이다.

이렇듯 기후 변화가 계속 강화되고 있다 보니 이것이 우리 농업에 매우 큰 영향을 미쳐서 식량 위기의 원인이 될 수 있다.

또 하나 기후 변화로 인해 염려하는 것은 강수량이다. 지난 100년 동안 우리나라의 연 강수량은 꾸준하게 증가했다. 과거 30년(1912~1941년)과 최근 30년(1988~2017년)을 비교해봤을 때, 연 강수량이 약 124mm 증가했다. 강수량은 증가했는데 강수일수는 증가하지 않았다. 이 말은 기상 재해를 일으키는 극한 호우가 더 강력하고 더 자주 일어나고 있다는 뜻이다. 2022년 8월 서울 기상청이 위치한 신대방동에 내린 시간당 141.1mm는 '극한 호우'라는 새로운 호우 경보 기준을 만들었다.

우리나라의 계절의 길이가 변하고 있다는 것은 아마 피부로 느낄 것이다. 여름은 길어지고 겨울은 짧아진다. 대체 여름이 얼마나 길어지고 겨울은 얼마나 짧아졌을까? 국립

기상과학원 발표 자료에 따르면, 여름 일수는 1900년대 초에는 98일 정도였는데, 최근에는 118일로 무려 20일 정도가 길어졌다. 겨울 일수는 1900년대 초에 109일이었는데, 이제 22일 짧아져서 87일이 되었다.

녹아내리는
대한민국의 농업

농업이 무너진다

이대로 기후가 계속 변한다면 머지않아 제주도에는 여름이 사라지고 완전한 아열대 기후가 될 것이다. 이처럼 다른 어떤 나라보다 우리나라에서 빠른 속도로 온난화가 일어나고 있다.

24절기는 1년에 걸친 태양의 위치에 의해 결정되는 천문학적 계절이다. 지구가 황도를 따라 태양 주위를 도는 주기를 15일 간격으로 나눠 24개의 절기를 정해놓은 것이다.

과거 우리 선조들은 24절기를 기준으로 농사를 지었고 거기에 맞는 세시풍속이 발달했다. 농사와 밀접한 24절기를 한번 보자. 봄에 청명이 되면 농사일을 준비하고, 곡우가 되면 비가 내리니까 파종하기 시작했다. 망종이 되면 밀, 보리 같은 겨울 곡식을 수확하고, 모내기를 한다. 처서가 되면 김장 채소를 파종한다. 한로가 되면 밀이나 보리 같은 겨울 곡식을 파종한다. 상강이 되면 서리가 내리기 때문에 그전에 곡식을 수확한다.

이처럼 우리 조상들은 농사를 지으면서 24절기를 잘 이용했다. 그런데 최근 국립기상과학원에서 분석한 결과에 따르면 기후 변화로 인해 24절기가 실종됐다. 봄, 여름의 절기가 거의 4일에서 19일, 평균 10일 이상 앞당겨졌다. 기온이 올라가니까 가을 절기는 10일에서 14일 정도 뒤로 밀렸다. 우리 조상 대대로 24절기에 맞춰서 농사를 지어왔는데, 이제 기온과 강수 형태를 분석해봤을 때 24절기에 맞춰서 전통적인 농사를 지었다가는 농사를 망치게 된다.

이것이 기후 변화에 따른 우리 농업의 현주소다. 이런 현상은 비단 우리나라뿐만이 아니다. 전 세계적으로 이런 현상이 일어나면서 국제 곡물 생산량이 줄어들기 때문에 큰 식량 위기가 도래할 수 있다.

그런데 우리나라의 농업이 더 심각한 건, 농업에 대한 부정적인 인식이 크다는 점이다. 2019년 농촌경제연구원에서 실시한 농업에 대한 인식 조사 결과에 따르면 농업에 대해 부정적인 시각을 가진 사람이 많았다. "농업은 사양 산업이다", "농업은 고되고 힘들면서 돈은 되지 않는다"라는 등의 시각이 많았고 "농업이 국민 경제에 부담이 된다"라는 의견도 있었다. 농업보조금(직불금) 같은 것이 밑 빠진 독에 물 붓기라든가, 돈 먹는 하마 같다는 것이다.

다행히 최근에는 농업을 바라보는 긍정적 시각도 조금씩 나오고 있다. "농업은 미래 성장산업으로 발전시켜야 한다"든가 "과거의 전통적인 방법과 힘든 농업이 아니라 스마트 농업으로 가면 미래 성장산업이 될 수 있다"라는 의견도 있었다.

농업 분야의 학자와 공직자 들은 농업이 4차 산업혁명 기술을 이용해서 6차 산업의 성장산업으로 발전할 수 있다고 말하기도 했다. 새로운 농업, 전환의 농업으로 연구·개발이나 혁신을 접목하면 우리도 농업을 성장산업으로 키울 수 있다는 것이다. 국민 경제의 기초가 되는 생명 산업으로서 농촌은 기회의 영역이고 하나의 유토피아가 될 수 있다는 생각이다. 사실 이런 의견은 이미 세계 여러 도시에서 많이 나오고 있다.

이런 면에서 농업을 활성화하려는 운동이나 사업들이 나오고 있다. 특히 농림축산식품부나 농촌진흥청에서도 '농촌 유토피아 사업'이라고 하면서 우리 농촌이 미래 성장 산업으로 발전하도록, 농촌이 유토피아가 될 수 있도록 힘을 써줘야 할 것이다.

기후 변화의 피해자이자 가해자, 농업

기후 변화가 농업에 미치는 영향을 생각해보자. 일단 농업은 기후 의존적 산업이기에 기후 변화의 피해자다. 지구 온난화로 과수나 농작물의 재배 적지가 북상해서 국내 재배가 어려워지는 피해를 본다. 한편, 농업에서는 기후 변화를 유발하는 주요 온실가스인 메탄^{CH4}과 아산화질소^{N2O} 등이 배출되기 때문에(특히 축산에서 많이 배출된다) 기후 변화를 일으키는 유발자, 즉 가해자일 수도 있다.

　그래서 이 두 가지를 다 해결하는 방향으로 농업을 이끌어가야 한다. 다시 말해 새로운 품종과 재배 기술을 개발하여 변화된 기후 환경에 적응하도록 하고, 토양이나 과수원 등에 온실가스를 흡수하는 기능을 적용해야 한다. 또한 기후 변화를 일으키는 온실가스 배출을 줄이는 노력으로 농업이

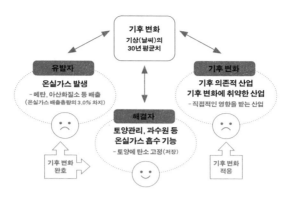

기후 변화가 농업에 미치는 인식과 역할[4]

기후 변화의 해결자 역할을 해야 한다는 인식이 일고 있다.

1995년도만 해도 농촌의 농가 소득과 도시민의 도시 소득이 거의 비슷했었다. 그런데 시간이 지나면서 그 간격이 벌어졌다. 도시근로자 가구소득은 지속적으로 증가하여 2026년에는 8373만 원에 이를 것으로 전망한다. 이에 비해 농가 소득은 지속적으로 감소하여 2026년이 되면 도시근로자 가구소득의 절반밖에 되지 않을 것이다. 이렇게 소득이 줄어드는데 젊은 청년 농부들이 어떻게 농촌에 가겠는가?

이처럼 농촌 지역의 소득은 줄어드는데 농사를 지으면

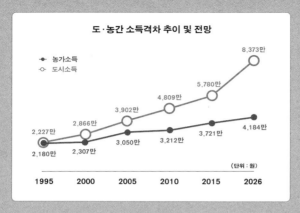

도·농간 소득격차 추이 및 전망

- ● 농가소득
- ○ 도시소득

2,227만
2,180만

2,866만
2,307만

3,902만
3,050만

4,809만
3,212만

5,780만
3,721만

8,373만
4,184만

(단위 : 원)

1995 2000 2005 2010 2015 2026

농업소득과 농업경영비 비중 및 전망

- ● 농가소득
- ○ 농업경영비

62.7%
37.3%

55.2%
44.2%

44.3%
55.7%

33.1%
66.9%

33.2%
66.3%

33.1%
66.9%

31.7%
68.3%

(단위 : 원)

1996 2001 2006 2011 2016 2021 2026

농업·농촌의 추락[5]

서 드는 농업경영비는 증가해왔다. 2015년 농업경영비 비중은 66.6%로 1996년 37.3%에 비해 많이 증가했다. 농업경영비란 농업 경영에 투입된 모든 비용을 일컫는데, 유가가 올라가거나 농촌에서 일하는 노동 임금이 올라가는 등 비용이 늘어난 것이다. 한국농촌경제연구원에 따르면 1995년 이후 농가당 농업소득은 농업경영비의 비중 증가로 인해 지속적으로 감소하고 있다.

농촌은 정말 살기 어려워졌고, 농촌에 젊은 사람들이 농사를 지으러 들어가는 일은 찾아보기 힘들다. 이런 현상을 개선하지 않으면 우리나라는 식량 위기를 마주할 수밖에 없다.

더 심각한 것은 우리나라 농가당 평균 농지 면적이 1.08ha로 3000평 정도밖에 되지 않는, 소농 중심의 조방적인 농업이라는 점이다. 이렇게 작은 농토에서 농촌 가구가 스스로 먹을 농사 정도만 짓고, 조금 남는 것을 시장에다 파는 영세농업이다. 그래서 우리나라의 농업은 산업으로 발전하기 어려운 구조적인 문제를 갖고 있다.

옆 나라 일본만 해도 농가당 평균 농지 면적이 우리나라의 두 배 이상이고, 독일이나 덴마크 등 유럽의 농업 선진국들의 경지 면적은 우리의 50배가 넘는 60ha 정도다. 미국의 농가당 경지 면적은 거의 200ha에 이른다. 이렇게 대농들이 큰 영농 장비를 이용해서 생산한 농산물의 생산 단가와 우리나라에서 노동력을 투입해 생산한 단가는 비교할 수 없지 않겠는가. 우리나라에서 생산하는 곡물들은 외국에서 수입하는 것과 비교할 때 가격 면에서 심하면 다섯 배 이상 차이 나기도 한다.

식량 위기를 부르는 농촌의 고령화

우리나라의 농촌은 경지 면적이 작을 뿐 아니라 대부분 농가에 노인들만 있다. 2021년 12월 기준 농가인구가 221만 명, 농가 수는 103만 가구 정도 되는데, 전체 농가인구의 절반이 65세 이상으로 농촌의 고령화가 심각하다.

2016년부터 지금까지 농가인구의 동향을 보면 꾸준하게 고령화되고 있다. '농촌에서 일할 사람이 없다'는 하소연이 나온다. 노인들이 농업을 하나의 산업으로 경영하는 것이 아니라 먹고살기 위해 자기 땅에서 최소한으로 농사를 짓는 수준이기 때문에 우리나라의 농업은 사양 산업이 될 수밖에 없고 미래가 보이지 않는 것이다. 이것이 앞으로 식량 위기에 큰 위험 요소가 될 수 있다.

1970년대만 해도 농업 총생산량이 11조 원으로 당시 국민총생산의 14%를 차지했다. 그러나 2018년에는 농업 총생산량이 약 32조 원으로 좀 늘어나긴 했지만, 국민총생산에서의 비중은 1.7%밖에 되지 않는다. 사실 농업은 거의 없어도 된다는 생각을 가질 수 있는, 산업의 역할을 하지 못하고 있다.

또한 1970년대에 농림어업에 종사하는 취업자는 50.4%로 농업이 중심 산업이었고, 그다음이 서비스업과 제조업이었다. 그런데 2018년에는 농림어업 취업자가 5%밖에 되지 않는다. 대신 서비스업 취업자가 79% 정도로 늘어났다. 대부분 국민이 도시에서 서비스업에 종사하고 있다.

물론 서비스업은 농업과 비교하면 훨씬 많은 소득을 얻을 수 있는 업종이지만, 국가가 지속 가능하게 발전하기 위해서는 농업도 함께 발전해야 한다. 농업이 추락하면 인간의 가장 기본적인 생존에 필요한 식량에 문제가 생길 수 있기 때문이다.

농산물 시장의 개방

우리나라 농업이 어려워진 또 다른 요인은 세계 무역 체계의 변화였다. 1947년에 관세 및 무역에 관한 일반 협정GATT이라는 무역 체계가 생겼다. 우리나라는 제조업 중심의 상품을 수출하는 국가다.

1994년에는 우루과이라운드UR 체제가 출범하여 세계무역기구(이하 'WTO') 체제로 바뀌면서 농산물에서도 수입 자유화가 이루어졌다. 쌀을 제외한 농산물 수입 규제를 철폐하고 관세를 감축한 것이다. 2004년 이후에는 동시다발적 자유무역협정(이하 'FTA')을 추진해서 관세를 철폐하거나 대폭 축소했다. 이처럼 자유무역으로 정책이 바뀌는 것이 국제적인 추세였다.

이전에는 제조업 상품 위주로 공산품에만 관세나 무역 철폐 규제 등이 가능했는데, 이후로는 우리가 먹고사는 식량, 농산물도 수입 개방이 되면서 우리 국내 농업은 더더욱 설 자리가 없어지게 된 것이다.

이렇게 되면서 우리나라에서 생산되는 농산물은 줄었고 외국에서 수입하는 농산물이 대폭 증가하게 되었다. 외국 농산물의 가격이 더 싸기 때문에 경제적으로만 보면 그게 맞다. 자동차나 반도체 같은 공산품을 수출해서 벌어들인 외화로 싸게 농산물을 수입해 오는 것이 지난 1980년부터 지금까지, 40여 년간의 농업 정책이라고 보면 된다.

이런 정책으로 인해 식량·곡물자급률은 거의 바닥으로 떨어졌다. 이 WTO 체제에서 다행히 어렵게나마 지킨 것이 쌀이다. 쌀만은 완전한 개방을 하지 않았다. 2014년 7월에 쌀 관세화를 결정해서 쌀에는 관세를 물리고 일정량의 쿼터제로 수입해왔다.

쌀의 관세율이 무려 513%다. 쌀을 수입할 때 관세를 513% 물려서 다섯 배나 비싼 돈을 주고 사 와도 국내 쌀값보다 싸다는 것이다. 그 정도로 국제 곡물 가격에 차이가 있다. WTO 체제하에서 FTA가 확대되면서 우리 농민들은 어려워질 수밖에 없었다. 우리 농업이 이렇게 사양 산업이 되게 된 계기 중 하나가 농산물의 수입 개방인 것은 사실이다.

2004년 칠레와 처음 FTA를 맺고 나서 2022년 6월을 기준으로 59개국과 체결하여 농축산 부문의 만성적인 무역 적자국이 되었다.

국회예산정책처의 2021년 보고서에 따르면 대한민국은 세계 7위의 곡물 수입국이다. 1위 국가는 중국이다. 중국은 식량 생산량이 1위인 동시에 식량 수입량도 1위다. 그만큼 중국은 워낙 넓은 땅에서 식량을 많이 생산하지만, 인구도 많아서 수입량도 많은 것이다.

중국 다음으로 2위 수입국은 일본이다. 3위가 멕시코고 4위는 이집트다. 5위 스페인, 6위 네덜란드에 이어 7위가 바로 우리나라다. 이 말은 우리 곡물자급률이 그만큼 떨어졌다는 뜻이다. 그리고 한·중·일 동북아 세 나라가 식량 수입 1위, 2위, 7위를 차지해, 전 세계 곡물 거래량의 상당 부분을 이 세 나라에서 수입한다고 볼 수 있다.

대한민국의 위태로운 식량 안보

우리나라에 식량 위기를 가져올 수 있는 식량·곡물자급률을 살펴보자. 1970년대만 해도 식량자급률이 86.2%, 곡물자급률 80.5%였다. 이때는 식량 자급을 위해 정부와 국민의 관심이 농업에 집중된 녹색혁명의 시기였다.

하지만 2020년 식량자급률 45.8%, 곡물자급률은 20.2%다. 우리가 소비하는 곡물량의 약 80%를 외국에 의존하는 것이다. 1970년대만 해도 곡물 생산량이 700만 톤이었는데 2020년에는 429만 톤으로 반토막이 났다. 생산이 이렇게 줄어든 것은 도시가 확대되고 공장이 들어서면서 농토가 줄어드는 등 산업화 정책 때문이다.

부족한 곡물은 수입에 의존하는데 대부분이 옥수수, 밀이다. 축산을 위한 사료용 옥수수와 빵을 만들기 위한 밀을 수입한다. 우리의 식생활이 육식과 빵 위주로 바뀌면서 사료용 옥수수와 밀의 수입이 급증하고, 이에 따라 곡물자급률이 떨어지게 되었다.

우리나라가 곡물을 수입하는 나라는 미국, 브라질, 아르헨티나, 호주, 우크라이나 등 몇 개국에 집중되어 있다. 최근 기후 변화로 우리나라가 수입하는 주요국에서 가뭄과 허리케인 등 기상 이변이 더 강력하게 더 자주 발생하면서

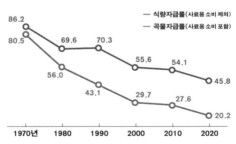

식량·곡물자급률(단위=%)

── **식량자급률**(사료용 소비 제외)
── **곡물자급률**(사료용 소비 포함)

86.2
80.5   69.6   70.3
        56.0   55.6   54.1
                43.1   45.8
                        29.7   27.6
                                        20.2

1970년 1980 1990 2000 2010 2020

우리나라 연도별 식량.곡물자급률[6]

곡물 생산량이 줄어들어 수출하지 못하거나 가격이 폭등하는 일이 발생하고 있다. 이것이 바로 우리가 식량 위기를 겪을 수밖에 없는 이유다.

우리나라의 식량 정책의 변화를 살펴보면, 1960~1970년대는 식량이 부족하여 보릿고개를 겪던 시기로, 식량 자급이 국가의 가장 중요한 과제였다. 그래서 정부와 국민의 많은 관심과 지원으로 기적의 벼, 통일벼를 개발하는 녹색 혁명을 이루었다.

1980년대부터 식량 자급을 이룬 우리 정부는 산업화, 정보화를 기반으로 자동차, 반도체, 철강, 조선 등의 수출 중심 국가로 바뀌면서 식량은 대부분 수입하여 곡물자급률이 계속 떨어졌다. 최근 기후 변화, 코로나-19의 팬데믹과 러시아-우크라이나 전쟁으로 국제 곡물 가격이 급등하면서 식량 위기가 고조되어 식량 문제를 안보의 문제로 다루어야 한다는 전문가의 의견이 많아지고 있다.

안보는 흔히 국방이나 외교 분야에서 쓰는 말이다. 예를 들어, 국방비가 많이 든다고 해서 중동에서 용병을 데려와서 나라를 지키게 할 수 없지 않은가. 그건 안보에 관련된 것이기 때문에 돈이 아무리 많이 들어도 반드시 우리가 담당해야 한다. 경제적인 문제로 다룰 수 없는 것이 안보다. 따라서 우리는 식량 문제를 단순한 경제적 논리로 값싸게 들여오면 된다는 인식에서, 이제는 안보적인 관점에서 식량 정책을 다루어야 한다는 인식이 마련되었다. 식량 위기가 발생할 가능성이 높아서 식량 안보를 유념해야 한다는 것이다.

대부분 곡물을 수입에 의존하는 우리나라의 식량안보지수는 전 세계 113개국 중에서 39위로 OECD 국가 중에서 가장 낮다. 2020년 29위, 2021년 32위, 2022년에는 39위로 빠르게 순위가 떨어지는 것이 더 심각한 문제다.

식량안보지수는 식량주권, 식량 자급의 개념을 포함하고 있으며, 유엔식량농업기구(이하 'FAO')가 1990년 정의한 것으로, 모든 사람이 건강한 삶을 영유하기 위해 충분하고 안전하고 영양가 있는 먹거리를 물리적, 사회적, 경제적으로 접근 가능한지에 관한 지수다.

기후 변화 앞에 불안한
우리의 식탁

한반도의 아열대화

우리 국민 중에 식량 위기로 굶게 될 것을 걱정하는 사람이 얼마나 될까? 전통시장이나 대형마트에 가면 음식물이 넘쳐나는 것이 현실이다. 그러나 식품의 원산지를 살펴보면 국내산은 거의 찾아보기 힘들 것이다. 기후 변화에 따른 기상이변, 코로나-19와 같은 글로벌 팬데믹, 전쟁 등으로 인해서 우리의 밥상은 안전하지 않다고 생각한다. 우리나라는 OECD 국가 중에 가장 먼저 식량 위기를 겪을 수 있는 나라라는 것을 강조하고 싶다.

한반도가 아열대화되고 있다는 이야기를 들어봤을 것이다. 한반도는 온대기후대에서 과수와 농작물의 재배 기술이 오랫동안 지속되어왔다. 그런데 최근 기후 변화로 한반도가 아열대화되고 있다.

앞서 말했듯 우리나라는 세계 평균 기온 상승보다 2배나 빨리 기온이 상승하고 있다. 특히 농업 부분에서는 아열대화된 새로운 기후에 적응할 수 있는 품종이나 재배 기술을 개발하는 등 연구·개발을 통해 선제적으로 대응해야만 식량 위기의 위험을 조금이라도 줄일 수 있다.

여기서 아열대 기후의 정의를 살펴보자. 미국의 지리학자 글렌 트레와다는 월평균 기온이 10도 이상인 달이 연중 8개월 이상 지속되는 기후대를 아열대 기후로 정의했다. 북반구에서 위도 약 24.5도, 즉 베트남 중부지역부터 제주도까지 가장 추운 달의 평균 기온이 18도 이하가 되는 지역을 아열대 기후대라고 한다. 그런데 이것이 기후 변화로 해서 자꾸 북쪽으로 올라가는 것이다.

국립기상과학원에서 발표한 「한반도 기후 변화 전망보고서」에 따르면 고탄소 배출 시나리오(SSP5-8.5)의 경우, 현재 대비 21세기 후반기(2081~2100년) 한반도 평균 기온은 7.0도 상승하고 평균 강수량은 14% 증가할 것으로 전망했다. 한편, 저탄소 배출 시나리오(SSP1-2.6)의 경우, 현재 대비 21세기 후반기(2081~2100년) 한반도 연평균 기온이 2.6도 상승하고 평균 강수량은 3% 증가할 것으로 전망했다.

현재 한반도 남해안 지역에서는 제주도 아열대 과일이 노지에서도 재배할 수 있는 아열대화가 되었다. 한반도 기후 변화 전망보고서에 따라 21세기 후반에 7.0도까지 상승한다면 산악 지역을 제외하고 대부분 농사를 짓는 지역은 아열대화될 것으로 전망된다.

그러나 저탄소 배출 시나리오에 따르면 21세기 후반에 2.6도 상승하는 것으로 전망되어 한반도 아열대화를 최소화할 수 있다. 이것이 바로 우리가 2050 탄소중립을 반드시 달성해야 하는 이유다.

기후 변화가 지속된다면 2050년에는 아열대 과일과 곡물이 주종이 되어야 할 수도 있다. 그때를 대비해 아열대 기후에 적합한 품종이나 재배 기술들을 지금부터 개발해야 한다. 농작물 품종 하나 개발하려면 거의 5년에서 10년이 걸리기 때문이다.

과수 같은 경우에는 새로운 품종을 개발하려면 무려 20~30년이 걸린다. 지금 출발해도 사실 빠른 것이 아니다.

따라서 하루라도 빨리 변화하는 기후대에 적합한 적응 정책과 연구가 이루어져야 한다.

제주도에 가면 농촌진흥청 산하의 온난화대응연구소가 있다. 이 연구소는 이미 아열대 작물 연구를 시작했다. 채소 8개, 과수 7개로 총 15종의 아열대 작물을 연구하고 있다. 여기에는 우리가 잘 아는 여주나 망고, 용과, 올리브, 아보카도 등의 재배 적응 연구를 하고 있다.

기온이 올라가면서 제주도에서 재배되던 감귤이 이제는 남해안에서 재배된다. 50년 전 대구가 사과 재배 적지였는데 지금은 강원도 영월까지 북상했다.

농작물 재배에서 온도가 1도 상승함에 따라 기상적 요인을 중심으로 본 재배 적지는 위도상으로 81km가 북상하며, 해발고도로는 154m가 높아진다. 따라서 우리나라에서는 산업혁명 이후 1.8도 올랐으니까 과수나 농작물의 재배 적지가 거의 150km 북상한 것이다. 이대로 계속 기온이 올라간다면 제주 감귤에서 망고를 주로 먹는 시대가 오고, 이게 바로 우리 과수 농업의 미래가 될 수도 있다.

인류의 또 하나의 중요한 식량 자원은 어류다. 어류도 해수 온도에 따라서 서식지가 정해지는데 한반도 주변 해역이 수온이 따뜻해지면서 서식 어종에도 변화가 생기고 있다. 대표적인 예로 우리나라는 대대로 동해에 명태가 많았다. 동해에서 잡은 명태를 대관령의 황태 목장에서 말려서 파는 것이 조상 대대로 내려온 어업이었다.

그런데 최근 50년 사이 동해에 명태가 사라졌다. 명태는 한류성 어종이라 서식지를 캄차카반도의 북쪽으로 옮긴 것이다. 그래서 동해에서 명태가 잡히지 않으니 대관령 황태 목장에서는 수입하거나 원양어선으로 잡은 명태를 쓴다. 오징어도 동해에서 많이 잡혔는데 해수 온도가 올라가면서 남해와 서해에서도 오징어가 많이 잡힌다.

이렇듯 우리가 먹는 중요한 식량인 어류의 서식지가 변하면서 물고기를 잡아서 생활하는 어부들은 근심이 늘었다. 이런 현상이 식량 위기의 한 요소가 될 수 있다고 본다.

식량주권을 포기한 결과

대표적으로 식량주권을 포기해서 고통받는 두 나라를 소개하자면 필리핀과 아이티가 있다. 먼저 필리핀은 세계화에 따른 잘못된 산업화를 통해서 최근 식량 위기를 겪고 있다. 필리핀은 적도 지역에 위치하여 벼 재배로 1년에 3번까지 수확할 수 있는 나라였다.

그래서 1960년대까지 필리핀은 국제적으로도 농업 선진국이었다. 필리핀에 국제미작연구소라는 국제벼연구소가 있고, 거기서 개발된 벼들이 재배되면서 1960~1970년대만 해도 식량 자급이 가능했음은 물론 쌀을 수출하는 나라였다.

그러다 세계화 추세에 따라 산업구조가 변화하면서 논밭들이 골프장으로 변했다. 많은 사람이 농촌을 떠나 도시로 이주했고 농업이 거의 소멸하다시피 했다. 현재 필리핀은 중국 다음으로 쌀을 많이 수입하는 나라로 변했다.

그런데 최근 쌀 수출국인 베트남 같은 나라에서 수출금지 조처를 내리면서 국제 쌀값이 폭등했다. 그 결과 필리핀에서는 식량 대란이 일어났다. 정부에서 부랴부랴 저소득층을 대상으로 쌀을 저렴한 가격으로 배급하기도 했다. 농업 정책을 포기하고 관광과 산업화에만 몰두한 잘못된 정책으로 인해 지금 이런 사태를 겪고 있는 것이다.

그래서일까, 2022년 6월에 새로 취임한 페르디난드 마르코스 대통령은 첫 국정연설에서 농업 식량 안보를 강조하면서 농업 생산을 늘리겠다고 발표했다. 그는 농업을 살리겠다며 농림부 장관을 겸직까지 하고 있다.

중남미 카리브해에 있는 아이티도 마찬가지다. 약 75%의 국민이 하루 1달러 미만으로 생활하는 최빈국 아이티는 30년 전만 해도 식량 자급이 가능한 국가였다. 필리핀처럼 3기작이 가능한 농업 조건을 가지고 있었지만, 세계화의 바람은 아이티 산업의 근간을 흔들었다. 미국에서 값싼 쌀이 들어왔고 수입 농산물이 밀려들면서 아이티의 농업은 경쟁력을 잃어버렸으며, 농부들은 농촌을 떠났다.

이제 아이티는 농업 기반이 취약해서 대부분 식량을 수입에 의존한다. 그리고 최근 기후 변화로 인해 생산량이 줄어들면서 국제 곡물 가격이 폭등하여 굉장한 어려움을 겪고 있다. 식량 위기로 인해 폭동과 데모가 일어나는 나라가 됐다.

필리핀과 아이티와 같은 사례를 우리는 반면교사로 삼아야 할 것이다. 앞으로 우리가 식량 위기를 겪는다면, 이런 모습이 될 수도 있다. 미래의 식량 위기를 극복하기 위해 참고해야 할 사례다.

식량 위기의 나비효과

나비효과에 대해 다들 알고 있을 것이다. 1972년 미국의 기상학자 에드워드 로렌츠가 한 연설에서 처음 언급한 말로, 브라질에서 나비가 날갯짓을 하면 그 파동이 미국 텍사스에서 토네이도가 될 수도 있다는 카오스이론이다. 다시 말해 한곳에서 일어난 조그마한 파동이 큰 파동으로 이어질 수 있다는 것이다.

나비효과는 식량 위기에도 적용될 수 있다. 앞서 언급한 아랍의 봄이 그 대표적 예다. 아랍의 봄이 처음 시작된 것은 튀니지였다. 처음에는 튀니지에서 자스민 혁명이 일어났다. 그 시작은 러시아, 우크라이나 등에 대 가뭄이 발생해 식량 생산이 줄어든 것이었다. 이들 나라가 곡물 수출을 전면 중단하거나 수출 제한을 했고, 그 결과 국제 곡물 가격이 폭등했다.

식료품 인플레이션에다 높은 실업률, 정권의 부패 등 여러 사안이 더해져 시위로 이어졌다. 폭력적인 거리 시위가 2010년 12월에 연달아 일어났고, 결국 2011년 1월 장기 집권하던 튀니지 대통령을 끌어내렸다. 근본적으로 서민들과 저소득층은 식량 위기의 원인을 독재자에게로 돌렸고, 그 결과 장기 집권한 독재자의 정권이 무너지는 대혼란이 일어났다.

이처럼 튀니지에서부터 시작된 반정부 시위는 이집트, 시리아 등 중동과 북아프리카 일부 지역으로 퍼졌다. 결국 민주주의가 약한 국가에서는 정권이 무너지는 큰 변화를 일으켰다.

이집트의 경우에는 2008년 빵을 둘러싼 사회 혼란이 계속되었다. 이집트의 주식이 빵인데, 인구의 40%가 하루 2달러 미만으로 생활하기에 정부는 국영 빵 가게를 통해 빵을 값싸게 공급했다.

하지만 국제 밀값이 폭등하자 세계 최대의 밀 수입국인 이집트는 빵 가게에 밀 공급을 줄였고, 그 결과 빵 크기는 줄면서 빵값 상승으로 이어졌다. 결국 빵에서 시작된 시위가 독재자 무라바크 대통령의 퇴진으로 이어졌다. 이것이 바로 식량 위기의 나비효과라고 할 수 있다.

종류는 다르겠지만 이런 나비효과가 우리나라에서 일어나지 말란 법이 없다. 사실 우리나라에서 식량 위기가 일어난다고 해도 굶을까 봐 걱정하는 사람은 많지 않을 것이다. 다만 국민의 5~10%의 저소득층은 소득 대부분을 식품을 사는 데 쓰기 때문에 국제 곡물과 식품 가격이 올라가면 정말로 굶게 된다.

그러면 사회가 불안해지고 약탈이나 폭동이 일어날 수 있으며 그 책임을 정치권으로 넘겨서 정권이 무너지는 위기도 발생할 수 있다. 이것이 우리나라에서 발생할 수 있는 식량 위기로 볼 수 있다. 나는 이러한 식량 위기가 기후 변화로 인해서 우리나라에서도 머지않아 발생할 것으로 전망한다.

기후 위기 시대, 농업의 공익적 가치

사실 농업에는 굉장한 공익적 가치가 있다. 농작물은 공기 중의 이산화탄소CO_2를 흡수하고 뿌리로부터 물과 영양분을 흡수해서 광합성을 함으로써 곡식을 만들고 공기 중에 산소O_2를 내뿜어준다. 이처럼 농업은 기후 변화 원인 물질인 이산화탄소를 줄여주고, 우리가 필요한 식량뿐 아니라 맑은 공기를 제공해주는 생명 산업이기 때문에 무한한 공익적 가치가 있다.

이런 의미에서 정부는 농민들한테 공익직불금을 주고 있다고 생각한다. 그만큼 농민들이 실질적으로 공익적 일을 하고 있다는 것이다. 기후 변화로 우리 농업의 장래는 암담한 것도 사실이지만 그것이 농업인에게는 기회 요소가 될 수 있다고 본다. 왜냐하면 농업이 없어서는 안 되는 가장 중요한 산업이기 때문이다.

유명한 투자자인 짐 로저스가 우리나라에 여러 번 왔는데, 올 때마다 한 얘기가 "농부가 되세요"라는 것이었다. 청년들한테 미래에 뜨는 산업 중의 하나가 농업이 될 것이라고 말했다. 자크 시라크 전 프랑스 대통령도 "농업은 진정한 미래 산업이다. 젊은이여, 농업에 관심을 가져라"라고 했다.

전 세계적으로 농업이 미약한 선진국은 거의 없다. 일본과 우리나라를 제외하면 대부분의 선진국은 농업 강국이다. 농업의 공익적 가치를 헌법에 반영해서 농민들은 자발적으로 농사를 짓고 공익적 가치에 대한 보상을 받는 유토피아의 시대가 올 수 있다. 나는 그렇게 되어야 한다고 본다.

우리나라는 역사적으로 농업이 굉장히 앞선 나라였다. 조선시대에만 해도 세종대왕은 『농사직설』이라는 우리나라 기후에 적합한 농업지침서(1429년)를 출판해서 농민들한테 나눠줬다. 또한, 세계 최초로 측우기(1441년)를 만들어서 전국에 우량 관측망을 구축해 농사일을 지원했다.

조선 후기 정조는 농업에서 가장 중요한 물을 확보하기 위해 저수지인 축만제(1799년)를 건설했다. 축만제는 수원 화성 서쪽에 있는 저수지로, 현재 '서호西湖'라고 부르며 수원 지역의 논에 물을 공급하기 위해 만들어졌다. 조선시대 중농정책을 근본으로 하면서 농업과 농부를 중시하는 의미로 '농자천하지대본農者天下之大本'이라고 했다.

농업의 중요성과 높은 가치를 인정받은 사례로 1962년 노만 볼로그라는 미국의 농학자가 밀 품종을 개발했는데 그전 품종보다 수량이 6배 이상 증가하는 혁명적인 성과를 거뒀다. 그래서 노만 볼로그를 녹색혁명의 아버지라고 부르고, 이 시기를 녹색혁명의 시대라고 한다.

그는 이 업적으로 전 세계, 특히 멕시코, 인도, 파키스탄, 중국에서 기아에 허덕이는 10억 명 이상의 인류를 기아로부터 구했다고 해서 1970년에 노벨평화상을 받았다. 농학자가 노벨평화상을 받은 것은 처음이자 마지막일 것이다.

우리나라에서는 1960~1970년대 식량 부족으로 보릿고개의 어려움을 겪었다. 이때 정부의 적극적인 지원으로 농촌진흥청과 서울대 허문회 교수가 통일벼를 개발하여 식량 자급을 이루었다. 그래서 우리나라에서는 이 시기를 '녹색혁명의 시대'라고 한다.

1972년에 첫 발행된 50원짜리 동전 앞면에 잘 익어 고개 숙인 벼가 새겨져 있다. 화폐에 통일벼가 새겨질 정도로 당시 정부나 국민은 농업을 중요시했다. 이처럼 농업은 우리에게 아주 중요한 산업으로 자리했다.

그러나 1980년대 이후로 산업화, 세계화 시대를 맞아 수출 위주의 산업이 되면서 우리 농업은 잃어버린 40년을 맞았다고 할 수 있다. 그동안은 반도체, 자동차, 스마트폰 등을 수출하여 번 돈으로 값싼 곡물을 수입하는 것이 경제적이라는 인식이 지배적이었다. 그런데 이제 기후 변화로 인해서 값싸고 안정적으로 식량을 수입하지 못하는 시기가 다가오고 있다.

기후 위기 시대에 우리는 어떻게 식량 위기를 극복할 것인가? 가장 먼저 기후 변화를 예측해야 한다. 미래의 기후를 온실가스 배출량의 시나리오에 따라 전망하는 것으로 기상청에서 주로 담당하게 된다.

그리고 기후 변화 완화를 위해 온실가스 배출을 줄이는 노력을 해야 한다. 농업 부문에서는 곡물 생산 과정과 축산에서 배출되는 온실가스뿐만 아니라 곡물의 유통, 저장, 가공, 포장, 판매, 소비 그리고 음식쓰레기 처리 과정에서 많은 온실가스가 배출된다. 유럽연합(이하 'EU')에서는 식품과 관련된 위의 전 과정을 식품 시스템으로 분류하여 기후 변화 완화 정책을 수립하고 있다. 식품 시스템에서 배출되는 온실가스는 유럽에서는 24%, 우리나라도 15% 이상 배출되는 것으로 평가되었다. 이처럼 농업 부문의 온실가스 배출이 상당하여 농업이 기후 변화의 가해자라고 했다.

또한 농업의 미래는 이미 변한 기후에 적응해서 식량 안보를 지켜주는 것이다. 변화된 기후에 적합한 새로운 품종과 재배 기술을 개발해야 한다. 앞으로의 농업은 디지털 농업으로 전환을 이루어야 한다. 4차 산업혁명 기술로 힘을 적게 들이고 새로운 고부가가치의 농작물을 생산하는 방향으로 바뀌어야 할 것이다. 지금부터라도 농업에 대한 투자와 연구개발을 통해 식량 위기에 대응하기 위한 준비를 차근히 해나가야 한다.

Q 묻고

A 답하기

지난 100년간 한반도의 기후는 어떻게
변해왔는가?

우리나라의 지난 106년(1912~2017년) 동안의
기후 변화 추세를 국립기상과학원에서 분석하여
보고서를 발간했다. 100년 이상 장기간 기상관측
자료를 보유하고 있는 강릉, 서울, 인천, 대구, 부
산, 목포의 6개 기상대의 일 시간 간격 자료를 사
용했다.

보고서에 따르면, 지난 106년(1912~2017년)
동안 우리나라의 연평균 기온은 13.2도(연평균

최고기온은 17.5도, 최저기온은 8.9도), 연 강수량은 1237.4mm, 여름은 20일 길어졌고 겨울은 22일 짧아졌다.

또한 최근 30년 기온은 20세기 초(1912~1941년)보다 1.4도 상승, 평균기온, 최고기온, 최저기온 중 최저기온의 상승 폭이 가장 컸으며, 최근 30년 강수량은 20세기 초보다 124mm 증가했으나 변동성이 매우 크게 나타났다.

지난 106년 동안 우리나라의 계절 시작일은 봄은 13일, 여름은 10일 빨라지고, 가을과 겨울에는 각각 9일, 5일이 늦어졌다. 계절 지속일은 여름은 98일에서 118일로 20일 길어졌으나, 겨울은 109일에서 87일로 22일 짧아졌다.

농업에서는 세대 간 지속 가능성이 중
요할 것 같은데 농촌에 인구가 유입되
도록 하는 정부의 방안에는 무엇이 있
을까?

농사를 짓도록 권장하려면 농사가 돈이 벌리는 사
업이 되어야 한다. 현재와 같은 전통적인, 힘으로
하는 조방적인 소농 중심의 농업은 청년 농업인을
유도할 수 없다. 농사를 짓는 것이 힘만 들고 수입
은 적으면 누가 농사를 짓겠는가.

그래서 농업Agriculture과 첨단기술Technology이 결합
한 농업테크AgTech가 중요하다. 농사로도 많은 수
입, 심지어 도시에 있는 근로자보다 많은 수입을
얻기 위해서는 스마트 농업, 새로운 고부가가치
가 있는 작물을 재배하는 등의 기술혁신이 필요하
다. 4차 산업혁명 기술을 접목하여 스마트 농업으
로 가야만 젊은 사람들이 농사를 짓고 식량 안보
를 높이는 데 앞장설 수 있지 않을까.

농업테크는 농사를 짓는 것만 해당하는 것이

아니다. 농기계 만드는 것도, 비료나 농약을 만드는 기술을 개발하는 것도 농업테크다. 심지어 짐 로저스는 농촌에 가서 멋있는 레스토랑을 하는 것도 농업테크라고 말했다. 미래에는 스마트팜이나 스마트 축산을 통해 자동화되므로 농부들이 레스토랑에 가서 커피 마시면서 농사를 짓는 시대가 올 수 있기 때문이다. 그러니까 농업테크를 아주 폭넓게 봐야 한다. 농촌에 가서 할 수 있는 직업군이 굉장히 다양하게 있을 것이다.

일본 스미모토상사 글로벌리서치의 「2050년을 향한 산업 메가트랜드 보고서」에 따르면 미래 기후 변화, 고령화, 사물인터넷IoT화, 글로벌화, 에너지 부족, 식량 부족, 물 부족 등으로 모빌리티, 농업테크, 헬스케어 산업이 주목받게 될 것으로 전망했다. 미래 유망 산업으로 모빌리티와 헬스케어는 많은 사람이 예상하지만, 아직 농업테크를 예상하는 사람은 많지 않을 것이다. 따라서 농업테크에 도전한다면 성공할 수 있다고 생각한다.

코로나-19 팬데믹을 계기로 탈세계화
흐름이 나타났는데, 이것이 식량 안보
에 어떤 영향을 끼칠까?

2019년 11월부터 중국에서 최초로 보고되고 전
세계로 전파된 인수공통전염병을 코로나-19라
고 부른다. 사람들이 면역력을 갖고 있지 않았던
코로나-19 감염병은 전 세계로 확산하여 2020년
3월 11일 WHO가 팬데믹으로 지정했다.

2023년 5월 5일 국제 공중 보건 비상사태가 해
제될 때까지 3년 4개월 동안 6억 8700만 명의 확
진자와 690만 명의 사망자가 발생했다. 우리나라
에서도 2023년 7월 24일 기준 3288만 명 이상의
누적 확진자와 3만 5216명의 누적 사망자가 발생
한 엄청난 사건이었다.

코로나-19 팬데믹으로 세계화의 흐름에서 각
국의 교류가 중단되는 탈세계화의 흐름으로 패러
다임이 바뀌면서 다양한 위기가 발생했다. 여러
가지 위기 중에서 우리 인류에게 가장 큰 영향을

미친 것이 식량 위기로 볼 수 있다. 곡물자급률이 낮은 개발도상국에서는 국제 곡물 가격이 폭등하여 식량 위기를 겪게 되었다.

봉쇄와 폐쇄는 생계를 파괴하고, 식량의 이동을 가로막았으며, 곡물 가격을 폭등시켰다. 최종 결과는 세계의 가난한 사람들이 생존에 대한 대가를 치르는 것이다. 유엔 세계식량계획(이하 'WFP')은 코로나-19 팬데믹 상황에서도 세계 개발도상국 88개국 1억 명에게 식량을 공급한 노력을 인정받아서 2020년 노벨평화상을 받았다.

코로나-19 팬데믹은 곡물자급률이 낮아 수입에 의존하는 우리나라에도 큰 타격을 줬다. 세계화와 자유무역 덕분에 값싼 식량을 안정적으로 수입했었는데 코로나-19 팬데믹으로 수출국의 생산량이 줄어들고 곡물 수송의 차질과 수출 제한 조치 등으로 국제 곡물 가격이 폭등하면서 국가 간에도 사재기하는 등의 문제가 발생했다. 이로 인한 국내 식품 가격 상승으로 물가가 상승하여 사회 혼란의 요인이 되었다.

3부_____

인류
최악의 재난,

이미
시작된 식량
전쟁

식량 위기, 지금부터 준비해도 빠르지 않다? 기후 위기라는 뉴노멀과 농업의 연관성, 식량 전쟁 등 우리에게 임박한 식량 안보 이슈를 조금 더 구체적으로 살펴본다. 국내외 사회경제적 현상으로서의 식량 문제에 관한 사례를 살펴보고, 인류에게 닥친 최악의 시나리오는 어떤 것일지 상상해본다.

지구 기온 상승 1.5도를 사수하라

미래 기후 변화 시나리오

최근 기후 변화로 인해 전 세계적으로 극한 홍수, 가뭄, 폭염, 태풍, 산불과 같은 엄청난 재난이 많이 일어났다. 그리고 러시아-우크라이나 전쟁으로 인해 국제 곡물 가격이 폭등해서 식량 문제가 전쟁 수준으로 번지고 있다.

그렇다면 미래의 기후가 어떻게 변할지 궁금하지 않은가? 먼저 IPCC 과학자들이 발표한 기후 변화 시나리오를 보자. 2022년 11월 7일 이집트 샤름엘셰이크에서 유엔 기후 변화협약 당사국 총회COP 27가 있었다. 이 총회에서 기후 변화와 관련된 많은 얘기가 나왔다.

대표적으로 안토니우 구테흐스 UN 사무총장은 "인류

는 기후 지옥으로 가는 고속도로에서 가속 페달을 밟고 있다"라며 기후 위기에 대해 경고했다. 2015년 파리기후 변화협약 당사국 총회에서 세계 모든 나라가 기후 변화의 원인인 온실가스 배출을 줄여서 기후 위기에서 벗어나자고 약속했는데도, 8년이 지난 지금 오히려 기후 변화가 더 강화되는 현실에 대한 경고였다. 아울러 WMO 사무총장 페테리 탈레스는 "2022년 기온이 산업혁명 이후에 무려 1.15도까지 높아졌다"라면서 최근 8년이 가장 더운 기간이라며 기후 위기의 임계점에 도달했다고 말했다. 그리고 EU 집행위원장 우르줄라 폰데어라이엔은 "우리가 빨리 화석연료의 위기에서 벗어나서 에너지 대전환을 일으켜 천국행 청정 티켓을 쟁취하자"라고 했다. 이 회의에서 기후 정의에 관한 이야기가 많이 나왔다.

특히 개발도상국에서는 기후 변화로 인한 피해를 고스란히 기상 재해로 받고 있다. 그런 손실과 피해에 대한 보상을 요구하는 '손실과 피해'라는 의제가 채택되었다. 다시 말해 온실가스 배출을 많이 한 선진국은 앞으로 기후 위기에 대한 책임을 지고 개발도상국의 기상 이변에 따른 손실과 피해에 대해 보상해주는 방식으로 진행될 것이다. 우리나라도 기후 변화 원인을 제공한 책임에서 벗어날 수 없을 것이다.

미래의 기후가 어떻게 될 거냐에 따라서 식량 위기의 문제를 전망할 수 있을 것이다. IPCC 과학자들은 미래의 기후는 결국 미래에 배출되는 온실가스 양에 따라 결정된다고 했다. '우리 사회가 어떻게 생활을 유지하는가?', '우리가 어떤 에너지 정책을 가지는가?'에 따라서 온실가스 배출량이 결정된다. 대표적인 온실가스인 CO_2 배출량은 인구 수와 그 사람들이 받는 서비스와 에너지 사용과 소비 성향에 의해서 결정된다.

$$CO_2 \text{ 배출량} = \quad P \quad \text{x} \quad S \quad \text{x} \quad E \quad \text{x} \quad C$$
$$\text{(인구 수)} \quad \text{(서비스)} \quad \text{(에너지)} \quad \text{(소비)}$$

온실가스 배출 시나리오로 공통사회 경제경로(이하 'SSP')라는 것이 있다. X축은 기후 변화 적응을 위한 사회·경제적 노력에 따라 변하고, Y축은 기후 변화 완화를 위한 사회·경제적 노력에 따라 변한다. 두 축을 기준으로 친환경, 기후 변화를 최소화하는 노력을 하는 경우가

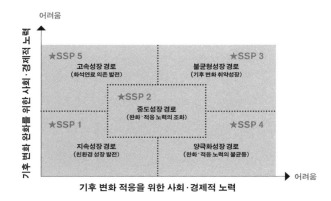

어려움

기후 변화 완화를 위한 사회·경제적 노력

★SSP 5
고속성장 경로
(화석연료 의존 발전)

★SSP 3
불균형성장 경로
(기후 변화 취약성장)

★SSP 2
중도성장 경로
(완화·적응 노력의 조화)

★SSP 1
지속성장 경로
(친환경 성장 발전)

★SSP 4
양극화성장 경로
(완화·적응 노력의 불균등)

기후 변화 적응을 위한 사회·경제적 노력
어려움

SSP 시나리오의 구성과 내용

SSP1의 시나리오다. SSP2는 중간 정도의 성장, SSP3는 불
균형 성장의 경우다. 그리고 SSP4와 SSP5는 양극화의 성장
을 뜻한다. 특히 SSP5의 경우에는 화석 연료를 지속적으로
많이 사용해서 온실가스를 배출하는 최악의 경우다.

　미래 온실가스 배출량을 추정한 네 가지 시나리오가
SSP1-2.6, SSP2-4.5, SSP3-7.0, SSP5-8.5다. 뒤에 있는 숫
자 2.6, 4.5, 7.0, 8.5는 IPCC 제5차 보고서의 기후 변화 시
나리오인 대표농도경로^{RCP}에서 나온 수치다. 숫자의 의미
는 태양에서 들어오는 에너지를 지구 대기가 잡아두는 양
을 의미한다. 즉 2.6은 단위 면적당 $2.6W/m^2$의 에너지를

종류	의미
SSP1-2.6	재생에너지 기술 발달로 화석연료 사용이 최소화되고 친환경적으로 지속 가능한 경제 성장을 이룰 것으로 가정하는 경우
SSP2-4.5	기후 변화 완화 및 사회경제 발전 정도가 중간 단계를 가정하는 경우
SSP3-7.0	기후 변화 완화 정책에 소극적이며 기술 개발이 늦어 기후 변화에 취약한 사회구조를 가정하는 경우
SSP5-8.5	산업기술의 빠른 발전에 중심을 두어 화석연료 사용이 높고 도시 위주의 무분별한 개발이 확대될 것으로 가정하는 경우

SSP 시나리오의 의미

잡아둘 경우, 8.5는 단위 면적당 $8.5W/m^2$의 에너지를 잡아두는 경우이므로 더 많이 온도가 올라갈 것이다. 이렇게 구분해서 미래 기후를 예측한다.

지금부터는 우리가 어떤 경로를 선택하느냐에 따라서 미래 기후가 결정된다. 우리가 만약 SSP1-2.6의 경로를 선택한다면 미래의 지구는 2100년까지 2도 이하, 1.5도까지 제한할 수 있다. 이게 바로 UN 기후 변화협약 당사국 총회에서 전 세계 국가들이 약속한 것이다.

SSP2-4.5로 간다고 가정하면 온실가스 배출은 상당히 저감하지만 2도 이상 될 가능성이 크다. SSP3-7.0와 SSP5-

종류	단기(2021-2040)		중기(2041-2060)		장기(2081-2100)	
시나리오	최적 추정치(°C)	가능성 매우 높은 범위 (°C)	최적 추정치(°C)	가능성 매우 높은 범위 (°C)	최적 추정치(°C)	가능성 매우 높은 범위 (°C)
SSP1-2.6	1.5	1.2~1.8	1.7	1.3~1.9	1.8	1.3~2.4
SSP2-4.5	1.5	1.2~1.8	2.0	1.6~2.5	2.7	2.1~3.5
SSP3-7.0	1.5	1.2~1.8	2.1	1.7~2.6	3.6	2.8~4.6
SSP5-8.5	1.5	1.3~1.9	2.4	1.9~3.0	4.4	3.3~5.7

배출량 시나리오별 지구 대기 온도 증가[7]

8.5는 거의 기후 변화를 위한 정책이 없는 경우이므로 2100년에는 지구 기온이 4.4도까지 올라가는 최악의 시나리오다. 우리는 당연히 SSP1-2.6의 시나리오의 경로로 가야 한다.

SSP1-2.6부터 네 가지 시나리오를 선택해서 단기 (2021~2040년), 중기(2041~2060년), 장기(2081~2100년)로 나누어 미래 지구의 온도 상승을 예측했다. 대부분 시나리오에서는 단기적으로 1.5도는 올라가게 된다. 결국 우리가 원하는 2100년에 2도 이하, 1.5도까지 올라가는 것으로 유지하려면 적어도 SSP1-2.6 시나리오로 가야 한다. 만약 최악의 시나리오인 SSP5-8.5로 간다면 2100년 지구의 기온은 산업혁명보다 4.4도까지 올라갈 것이다. 심하면 5.7도까지 올라갈 수도 있다. 그렇게 됐을 때 우리 인류는 엄청난 자연재해의 피해를 입을 것이다.

1.5도와 2도는 고작 0.5도 차이니까 별거 아니라고 생각할 수 있지만 그 0.5도에는 대단히 큰 차이가 있다. 2018년에 나온 「IPCC 1.5도 특별보고서」를 보면 1.5도가 올랐을 때 지구에서 겪을 수 있는 극한 홍수 확률이 100% 증가하지만, 2도가 오르면 극한 홍수 확률이 170%까지 증가한다. 또 많은 생물종이 멸종하는데, 1.5도일 때는 8%가 멸종하고, 2도가 되면 18%씩 멸종한다. 2100년에 물 부족을 겪는 인구는 1.5도일 때는 3억 5000명 정도라면, 2도가 되면 4억 명이 넘는다.

그리고 현재 많이 겪고 있는 폭염과 같은 극한 더위에 노출되는 사람은 1.5도일 때 약 7억 명이지만 2도가 되면 무려 20억 명까지 늘어난다. 그 외에 해수면 상승이나 산호가 사라지는 현상들도 1.5도냐 2도냐에 따라 크게 차이가 난다. 그래서 우리가 지구 기온 상승을 1.5도까지 유지하자고 하는 것이다. 특히 우리가 관심 있는 식량 문제에 있어서 0.5도가 더 올라가 2도가 되면 적도, 저위도 지방의 농사는 거의 지을 수 없는 황폐한 상태가 된다.

지구 온난화와 위험한 지구

이런 기후 변화는 과연 지구에 어떤 위험을 줄까? 산업혁명 이후 현재까지 1.1도가 올랐는데 그 결과 산호가 많이 사라지고 있다. 다행히 식량 위기는 아직 중간 정도의 낮은 위험에 있다. 그런데 만약 1.5도, 2도, 더 나아가 3도가 되면 바로 식량 위기가 발생하고 전 지구의 농업이나 임업에서는 굉장히 높은 위험으로 치닫게 된다.

미래에 어떤 변화가 있을 것인가는 과거의 추세를 보고 예측할 수 있다. IPCC가 2013년에 제5차 보고서, 2021년에 제6차 보고서를 발간했다. 그사이 8년 동안 온실가스 농도는 390ppm에서 410ppm으로 증가했다. 메탄이나 아산화질소도 큰 폭으로 증가했다. 전 지구의 기온은 2013년까지 0.78도 상승했는데 2021년에는 1.09도로 0.3도 이상 올라갔다. 앞으로 우리가 지키려고 하는 1.5도가 되는데 0.4도만 올라가면 도달하게 된다.

산업혁명 이후 우리 인류가 대기 중에 배출한 이산화탄소는 2475기가 톤이라고 한다. 앞으로 420기가 톤이 더 추가되면 지구 기온 상승이 1.5도에 도달한다. 그리고 1270기가 톤이 추가되면 2도가 된다. 이 시점이 궁금하지 않은가? 우리가 지키고자 하는 1.5도를 넘어 2도가 되는 때는 과연 언제쯤일까? IPCC 과학자들은 1.5도가 되는 시점을 2033년 정도로 예상했다. 최악의 조건이라고 하는 2도가 되는 시점은 2054년으로 전망했다.

그런데 2023년 WMO 발표에 따르면 앞으로 5년 이내 (2023~2027)에 전 지구 기온이 산업화 이전 대비 1.5도 이상 상승한 해가 나타날 확률이 66%로 예측된다고 한다. 우리가 파리기후협정에서 지키고자 약속한 마지노선인 1.5도가 눈앞에 다가오고 있다.

2021년 발표된 「IPCC 제6차 평가보고서」에 따르면 1950년부터 극한 기상현상인 폭염과 극한 호우 그리고 농업 생태가뭄의 발생 빈도가 높은 신뢰도를 가지고 증가하고 있다고 보고했다. 폭염은 전 세계적으로 대부분의 지역에서 증가하고, 현재 비가 많이 내려서 피해를 보고 있는 지역에서 집중호우가 더 많이 발생하고, 농업 생태가뭄이 심한 지역에서는 가뭄이 더 심각한 것으로 평가되었다. 다시 말해서 기후 변화로 전 지구 기온은 올라가고 강수량은 양극화가 뚜렷하여 농업에는 더 큰 피해가 전망되고 있다. 전 세계적으로 가뭄이 증가해서 농업 생산성은 더 떨어질 것으로 전망했다.

기온이 올라가면 북극 시베리아 지역에 농사를 지을 수 있으니까 오히려 식량 생산이 증가할 거라는 생각이 들지 않는가? 하지만 지구 온난화에 따라 식량 생산이 증가하는 지역도 있고 감소하는 지역도 있다. 북쪽으로 올라갈수록 기온이 높아지면 작물의 생육 기간이 길어져서 수량이 증가하는 지역이 있다.

현재 시점에서 보면 작물 생산량이 증가하는 지역이나 감소하는 지역은 거의 비슷하다. 그런데 기후 변화 시나리오 SSP5-8.5에 따르면 2030년 증가 폭이 30%로 줄어들고 감소 폭은 70%까지 올라간다. 21세기 말인 2100년에 생산이 증가하는 지역은 20%고 감소하는 지역은 80%로 전망했다. 즉 저위도, 적도 지역에서는 21세기 말이 되면 농사를 거의 지을 수 없는 상황이 된다고 전망했다. 생산량이 증가하는 고위도 지역은 상대적으로 적기 때문에 전 지구적으로 보면 식량 생산에 엄청난 위기를 가져올 수 있는 것이다.

2050년 한반도의 이상 기상 전망

우리나라의 미래, 2050년에 어떤 기상 이변이 일어날지 시나리오를 통해서 한번 전망해보자. 극한 폭염은 2001~2010년에 평균 8일간 나타났는데 2050년이 되면 무려 25일로 세 배 이상 늘어난다. 열대야는 5일에서 30일로 여섯 배 이상 증가할 것으로 전망했다. 집중호우도 65% 정도 증가할 것으로 본다. 이렇듯 기후 변화는 우리 생활에서 직접적인 영향을 주며 농사에도 어려움을 미칠 것이다.

특히 농업 생산성과 관련한 기후 변화 연구 결과에 따르면, 지구 온난화는 벼의 임실률에 영향을 미친다. 벼가 꽃이 피고 수정해서 열매를 맺는 걸 '임실'이라고 하고, 열매를 맺지 못하면 불임이라고 한다. 벼의 꽃이 피는 시기가 여름 6~7월쯤인데 이때 최고기온이 34도 이하인 현재 정도라면 임실률은 거의 100%다.

그런데 최고기온이 37도로 올라가면 임실률이 40%로 줄어든다. 최고기온이 올라가면 현재 재배되는 품종의 벼

로는 생산량을 담보할 수 없다. 그래서 새로운 벼를 육종하고 새로운 재배 기술을 개발하려는 적응 노력을 반드시 해야 한다는 것이다.

최악의 시나리오인 SPP5 - 8.5를 이용해 벼의 단위 수량 변화를 분석한 것을 보면, 2030년까지는 기온이 올라가므로 벼 수확량이 증가하는 지역이 많다. 그러나 2040년, 2050년, 2070년으로 갈수록 증가하는 양은 줄어들고 감소하는 양이 많아진다. 2100년대에는 한반도에서는 재배되는 벼는 수확량이 현재보다 25%가 감소한다고 한다. 이렇듯 기후 변화는 농업 생산성에 큰 피해를 준다.

작물뿐만 아니라 과수에도 기후 변화에 따른 피해가 크다. 과수의 재배 적지가 북상한다는 얘기를 앞에서 했다. 사과의 예를 들면, 2030년대가 되면 기후 변화 영향으로 기온이 올라가면서 사과 재배 적지가 강원도 영월까지 북상한다. 2050년에는 강원도 태백산맥의 산악 지역에서만 사과가 재배될 수 있다.

식량 위기의 뇌관

지구 온난화의 티핑 포인트

이렇게 기후가 변하는 원인을 파악하기 위해서는 기후 인자들의 변화를 한번 살펴볼 필요가 있다. 기후 변화의 대표적 인자는 온도다. 2015년 파리기후협정에서 196개 국가가 온실가스 배출을 줄여서 2100년까지 산업혁명 이전 대비 기온 상승을 2도보다 훨씬 낮은 1.5도로 유지하자고 합의했다. 2015년 당시만 해도 지구 기온은 산업혁명 이전 대비 0.78도 상승한 것으로 분석되었는데, 이는 전 세계적으로 간간이 기상이변 뉴스를 보는 정도였다. 즉 기상이변이 감지된 정도였다.

그런데 1.5도가 상승하면 전 세계 모든 지역에서 기후 변화에 따른 기상 이변을 경험하게 될 것이다. 산업혁명 이전 대비 기온 상승이 1.5도가 넘어 2도 이상이 되면 지구의 기후 시스템은 재앙에 가까운, 회복 불가능한 상태가 된다. 기후 변화와 기상 재해로 인해 파국의 상태를 맞게 될 것이다.

기후 변화를 일으키는 온실기체 증가와 같은 외부 강제력이 가해지면 지구 기온 상승의 균형점이 새로운 균형을 향해서 점진적으로 천천히 올라가게 된다. 하지만 어느 순간 임계점을 지나 균형이 무너지면 새로운 상태로 급격한 변화를 일으킨다. 지구 기후 변화에서 예상되는 이러한 임계점을 기후 변화 '티핑 포인트'라고 한다.

마찬가지로 지구 기온이 산업혁명 이전 대비 1.5도까지는 아주 서서히 올라가지만 1.5도가 넘어서면 약간의 외부 강제력이 가해도 지구 기온은 급속히 상승하게 된다. 1.5도 이상이 되면 우리가 온실가스를 배출하지 않아도 지구 스스로 온실가스를 배출해서 기후 위기를 가속한다. 그래서 이 온도를 티핑 포인트라고 하는 것이다.

2018년에 「IPCC 1.5도 특별보고서」에서는 산업혁명 이전 대비 기온이 1.5도 상승하는 시점이 2030년에서 2052년 사이가 될 것으로 예측했다. 그런데 3년 뒤에 나온 2021년

「IPCC 제6차 평가보고서」에서는 1.5도가 되는 시점이 10년 앞당겨진다고 말했다. 즉 2021년부터 2040년 사이에 1.5도가 될 것으로 전망한다. 1.5도라는 티핑 포인트를 지나면 기상이변이 폭발적으로 발생해서 집중호우, 가뭄, 폭염, 혹한, 산불 등이 나타나 엄청난 재해를 겪을 것이다.

전 세계에 '9개의 잠자는 거인'이라고 불리는 티핑 포인트를 자극하는 요인이 있다. 북극 해빙에 이어 영구 동토가 녹고, 아마존의 열대 우림이 파괴되며 산호초가 사멸한다. 대서양의 대규모 해류 순환이 파괴되어 전 지구적인 재앙이 온다.

지구 기온이 1.5도 이상 올라가게 되면 바로 이런 '잠자는 거인'의 요인이 작동해서 전 지구적인 기후 재앙을 일으킬 수 있다고 과학자들은 경고한다. 따라서 이 아홉 가지의 티핑 포인트 요인에 대한 감시, 관리를 철저히 해야 한다.

〔9개의 티핑 포인트 요인(잠자는 거인)〕

1. 그린란드 빙상 붕괴
2. 북극 해빙 소실
3. 영구 동토층 붕괴

4. 북부 한대림 북쪽으로 확대

5. 대서양 대규모 순환 붕괴

6. 열대 산호초 사멸

7. 아마존 열대 우림 파괴

8. 서남극 빙상 붕괴

9. 동남극 빙상 붕괴

우리는 인류세에 살고 있다

전 세계 인류가 연 강수량이 500~2000mm이고, 연 평균 기온이 10~20도인 기후 조건의 지역에서 주로 살고 있다. 그래서 우리 인류의 식량 자원인 곡물과 가축들도 주로 이 지역에서 재배되고 길러진다. 그런데 지구 기온이 2~3도 올라가면 인간은 적응할 수 있지만, 당장 곡물은 재배 적지 가 바뀌고 품종이 바뀌지 않는 이상 생산량이 줄어들 수밖 에 없다. 그래서 인류의 문명이 식량 부족으로 인해 파멸될 수도 있다.

　인류가 생존을 위해 사회, 경제적인 요인으로 많은 에너 지를 사용하면서 지구 시스템에 부담을 준다. 산업혁명 이 후 인구수의 증가와 GDP나 비료, 에너지, 물 사용 등 사회,

경제적 인자의 변동 추세가 일치한다. 인간이 기후 변화를 일으키는 중요한 요인을 제공하고 있다는 말이다. 마찬가지로 회복 불가능한 지구가 될 수 있는 시스템으로 가는 추세도 사회·경제적 인자와 같은 추세로 증가하고 있다.

산업혁명 이후 우리 인류가 지구 환경에 미치는 영향이 가장 큰 시대를 살고 있다. 앞서 마지막 빙하기가 끝나고 지구의 기온이 안정된 기간을 지질학자들은 홀로세라고 불렀다고 했다. 그런데 1995년에 노벨 화학상을 받은 폴 크루첸Paul Crutzen 박사는 산업혁명 이후 인간이 지구 환경에 큰 영향을 미치고 있는 이 시기를 '인류세人類世, Anthropocene'로 구분해서 부르자고 제안했다.

폭발적으로 팽창하는 과학기술문명의 영향력을 앞세운 인류가 지구 환경을 부정적 결과로 바꿔 놓은 지질 시대를 뜻하는 '인류세'라는 명칭이 2024년 8월 부산에서 개최되는 국제지질과학총회IGC에서 최종 비준될 예정이다. 인류세의 명칭이 승인되면 1950년부터 지금까지 사용했던 홀로세가 끝나고 인류세가 시작된다.

우리 인류가 반드시 먹어야만 살 수 있는 식량은 국제적으로 수요와 공급을 조절하는 데 특이성이 있다. 제조업을 통해 생산되는 공산품은 수요가 많으면 단기간에 생산을 늘려서 수출함으로써 가격을 안정화할 수가 있다. 이에 비해 곡물은 수요가 많다고 해도 갑자기 생산량을 늘릴 수가 없으며 다음 계절까지 기다려야 하므로 국제 곡물 가격의 변동이 클 수밖에 없다.

또 곡물은 공산품과 달리 가격 대비 부피가 크다. 생산한 지역에서 소비하는 지역으로 운송하려면 대형 트럭, 기차, 선박 등을 이용하므로 물류 비용이 많이 든다. 게다가 곡물은 살아 있는 생명체이므로 장거리 수송 과정에서 곰팡이나 해충의 피해를 막기 위해 항온, 항습을 유지해야 해서 많은 에너지가 들어간다. 이처럼 식량은 생산과 수송, 저장, 유통 과정에서 다른 공산품에 비해 에너지를 많이 사용하여 기후 변화에 많은 영향을 미치는 특성을 가진다.

국제 곡물 시장의 식량 위기 요인

만약 식량 생산량이 지속적으로 감소하면, 인류는 식량 위기로 고통을 받게 된다. 식량이 부족하면 굶어 죽을 사람들이 가만히 있겠는가. 전쟁을 해서라도 식량을 확보하려고 할 것이다. 결국 기후 변화로 야기되는 식량 위기는 전쟁의 원인이 될 수가 있다. 다행히 지금까지는 생산된 식량이 소비량과 거의 유사하여 어느 정도 안정세를 유지했다.

국제 곡물 가격 추이를 보면 2015년부터 2021년까지는 밀과 옥수수 가격이 굉장히 안정적이다. 밀과 옥수수의 국제 가격이 톤당 200달러였다. 1톤 가격이 우리 돈으로 30만 원 정도다. 콩과 쌀 가격은 톤당 400달러 정도로 안정되었다. 그런데 2022년 러시아-우크라이나 전쟁이 발생하자 콩은 톤당 600달러로 폭등했다.

쌀이 톤당 400달러면 우리 돈으로 50만 원 정도다. 이에 비해 우리나라 쌀 1톤 가격은 약 280만 원이다. 국제 가격과 비교하면 거의 5~6배 비싸다. 밀이나 옥수수도 마찬가지로 거의 2~3배 차이 난다. 그러니까 국내에서 식량을 생산해서 국제 경쟁력을 가지기란 굉장히 어려운 현실이다. 이것이 우리나라의 식량자급률이 낮은 이유 중에 하나다.

또한 국제 곡물 가격은 에너지, 광물 등의 원자재 가격과 같은 추세로 변동한다. 그래서 과거 석유 가격 파동이 일어났을 때 곡물 가격이 폭등한 사례가 있다.

전쟁도 국제 곡물 가격의 중요한 변동 인자다. 2022년 2월 24일 러시아-우크라이나 전쟁이 발생했다. 그때 구글 트렌드 키워드 검색 수를 확인해봤다. 당연히 '우크라이나'라는 키워드가 많이 검색되었는데, 흥미롭게도 '식량 안보'를 검색한 수가 오히려 더 많았다. 우크라이나와 러시아가 그만큼 식량 수출의 중요한 국가이기 때문이다. 이 두 나라에서 전쟁이 나니까 식량을 수입하는 나라들에 사는 많은 사람이 전쟁보다 먼저 자기들의 식량안보를 걱정한 것이 아닐까.

우리나라에서도 2022년 2월부터 여러 언론의 보도를 살펴보면 곡물 전쟁이나 식량 전쟁을 우크라이나 전쟁과 연계해서 보도했다. 이렇듯 특히 곡물 주산지이자 수출 대국에서 전쟁이 일어나면 그 여파는 대단히 크다. 국제 곡물가격이 폭등하고, 당장 수급에 문제가 안 되더라도 경제력이 있는 국가들이 사재기한다. 그 속에서 상대적으로 경제력이 약한 개발도상국들은 식량 위기에 처할 가능성이 더욱 커진다.

전 세계 주요 곡물 수출국인 우크라이나는 전 세계 해바라기씨 생산량의 절반을 생산한다. 또한 우크라이나는 세계 곡물 시장에서 옥수수의 점유율이 15%로 세계 6위이고, 밀은 10%로 세계 9위의 식량 생산 대국이다.

전쟁 전후의 곡물 가격을 비교해보면 밀은 65% 상승했고, 옥수수는 무려 178% 상승했다. 1톤당 218달러 하던 것이 606달러로 무려 세 배나 증가했다. 이런 가격 폭등이 바로 러시아-우크라이나 전쟁의 결과다. 전쟁이 곡물 가격, 다시 말해 식량 위기에 중요한 인자라고 하는 이유다.

자유경제 시장에서는 수요와 공급에 따라 가격이 결정된다. 즉 수요가 많으면 가격이 올라가고, 공급이 많아지면 가격이 내려간다. 그러나 곡물 가격의 급변동(위기)에는 세계적인 사건도 영향을 미친다.

1970년대 석유 파동은 세계 경제에 큰 충격을 주었다. 그 결과 생산과 수송과정에서 석유를 많이 사용하는 식량 가격이 폭등했다. 2010년 러시아의 대 가뭄도 식량 생산에 차질을 주었고 국제 곡물 가격이 폭등하는 애그플레이션이 일어났다.

가장 최근에는 코로나-19와 러시아-우크라이나 전쟁으로 곡물 가격이 폭등했다. 이렇듯 국제 곡물 가격은 석유 파동, 기후 변화, 글로벌 팬데믹, 경제 위기, 전쟁에 따라 복합적으로 영향을 받는다. 앞으로도 곡물 가격은 생산량, 소비량, 재고량 등의 수급 요인에 더해 기후 위기와 세계 경기 변동에 따라 결정되는 부분이 클 것이다.

여섯 번째
대멸종의 시그널

한계에 다다른 지구

21세기에 인류가 극복해야 할 세 가지 중요한 자원이 있다. 식량Food, 에너지Energy, 물Water인데, 영문 앞 글자를 따면 FEW가 된다. 인간은 이 세 가지를 반드시 공급받아야 살수 있지만, 이 자원들이 부족해서 문제가 심각하다.

국제 곡물 시장은 주요 4~5개 수출국이 전체 수출 물량의 70% 이상을 공급하고 있는 반면, 수입국은 수십 개가 훌쩍 넘는 '공급자 과점시장'이다. 따라서 수출국 가운데 어느 한 나라에서 수출에 차질이 생기면 곧바로 시장에 충격을 준다. 여기에 곡물 자체의 낮은 수요 공급탄력성이 더해져 수요 공급의 작은 변화에도 국제 곡물 가격은 크게 요동친다.

에너지 자원의 보고인 중동에서 1970년대 석유 파동과 전쟁이 일어났는데 그게 바로 에너지 전쟁이다. 또 하천을 공유하는 여러 나라에서 물 분쟁이 일어나고 있으며, 2009년 세계미래학회WFS는 머지않아 물 전쟁이 일어날 수 있다고 경고하고 있다. 최근 동남아시아 메콩강, 북아프리카의 나일강 등에서 물 분쟁이 발생하고 있다. 에너지 전쟁, 물 전쟁에 이어 이제 남은 것은 식량 전쟁이다.

그런데 식량, 에너지, 물 위기는 기후 변화, 인구 문제, 도시화 문제와 연계되어 발생한다. 따라서 이러한 세 가지 문제를 해결하기 위해서는 기후 변화, 인구, 도시화 문제를 함께 식량-에너지-물을 엮어서Food-Energy-Water Nexus 연구하고 대책을 마련해야 한다.

그리고 UN에서는 지속가능발전목표SDGs 17개를 설정해, 이것을 달성함으로써 21세기 글로벌 도전 문제를 극복하고자 한다. 그중 빈곤 퇴치, 기아 종식, 깨끗한 물과 위생 보장, 모두를 위한 에너지 보장, 지속 가능한 도시와 주거지, 기후 변화 대응, 이 여섯 가지가 바로 기후 변화와 직간접적으로 관련이 깊은 목표다.

1798년 영국 경제학자 토머스 맬서스는 『인구론』에서 이런 말을 했다.

"인구는 기하급수적으로 증가하고 식량은 산술급수적으로 증가하므로 어느 시점이 되면 인구 증가가 식량 증가를 넘어서 결국 인구수가 감소하는 시점이 온다."

그런데 지난 200년 동안은 맬서스의 인구론이 맞지 않았다. 그 이유는 1900년 초에 프리츠 하버라는 화학자가 질소 비료, 공기 중에 있는 질소를 고정하는 비료 기술을 개발해서 식량 생산이 증가했기 때문이다. 그리고 1960년대는 미국 농학자 노먼 볼로그가 키 작은 밀을 개발하여 식량을 증산했다.

이런 과학자들의 노력 덕분에 지난 200년간 인구가 6배 증가하는 동안에 식량 생산량은 더 많이 증가했고, 인류는 지금까지 식량 위기를 극복할 수 있었다. 그런데 유엔 인구 보고서의 전망에 따르면 2057년 세계 인구는 100억 명에 육박할 것이다. 하지만 지구의 에너지 자원과 물은 유한하므로 인구가 무한정 증가하면 모두가 안전하게 살아갈 수는 없을 것이다. 그래서 지구에 한계가 있을 거라고 보는 것이다.

1968년 이탈리아에서 결성된 '로마클럽'이라는 조직이 있다. 전 세계 석학과 기업가, 정치인 등이 모여 지구의 미래를 연구하는 비영리 기관이다. 이 로마클럽은 1972년에 MIT 메도우즈 교수팀에 미래 전망에 대한 보고서 작성을 의뢰했다.

메도우즈 교수팀은 컴퓨터 모델로 미래의 자원은 어떻게 변하고, 미래 식량은 어떻게 되고, 미래의 인구는 어떻게 되며, 미래의 환경 오염은 어떻게 진행될지 2100년까지의 전망을 담은 『성장의 한계』라는 보고서를 작성했다.

그로부터 30년이 지난 2000년에 이 보고서의 전망이 들어맞을지 궁금해서 다시 연구했다. 새로 개선된 모델을 가지고 분석해보았더니 1972년부터 2000년대까지의 추이가 당시 예측과 거의 같았다. 이대로 계속 간다면 2040년이 되면 인구가 줄어들면서 지구의 종말이 올 수도 있다는 1972년의 예측이 현실이 될 수 있다고 우려했다. 물론 그렇게 되어선 안 될 것이다.

기아 인구는 식량 생산의 일부 증가로 인해 2014년부터 안정적으로 바뀌었다. 그런데 바로 최근 코로나-19와 전쟁으로 기아가 폭증했다. 전 세계 기아 지도를 보면 아프리카나 중남미, 남미, 오세아니아 등에서 기아에 허덕이는 사람이 많다.

전 세계 식량 불안 지도를 봐도 마찬가지다. 전 세계적으로 지금 기아에 허덕이는 사람이 8억 2000만 명 정도 된다고 한다. 아시아에도 4억 명 정도가 있고, 아프리카에는 2억 7000만 명이 있다. 아시아는 인구가 많아서 9.1%밖에 안 되지만 아프리카는 무려 20%가 기아에 허덕이고 있다.

우리 지구 하나가 과연 몇 명을 먹여 살릴 수 있을까? 전쟁하지 않고 얼마만큼의 식량과 물, 에너지를 공급할 수 있을까? 세계자연기금WWF에 따르면 지구가 먹여 살릴 수 있는 인간의 적정 수는 50억 명이라고 한다. 그런데 지금 세계 인구는 80억 명을 넘었다.

지구상에 있는 나라들이 현재 소비하는 자원을 그대로 쓰고 산다면 지구가 1.7개 있어야 감당할 수 있다는 말이 있다. 지구 1개로는 부족한 것이다. 식량이나 물, 에너지가 부족한 곳이 지구 어딘가에는 분명히 있다. 지구에 더 이상 인구를 먹여 살릴 식량도 부족해서 지구와 같은 새로운 행성을 찾아 나서는 SF 영화 〈인터스텔라〉가 떠오른다. 앞으로 100년, 1000년 후에 우리 후손들이 살아남으려면 이 영화가 현실이 되어야 할 수도 있다.

만약 미국인이 소비하는 정도로 전 세계 인구가 소비하고 산다면, 지구가 5개 있어야 한다. 우리나라 국민의 소비 수준으로 생활한다면 지구 3.5개가 필요하다. 우리가 살아가면서 꼭 필요한 자원인 물, 에너지, 식량 소비 줄이기를 행동으로 옮겨야 할 때다.

여섯 번째 대멸종의 신호탄

지구에는 고생대부터 현재까지 다섯 번의 대멸종이 있었다. 대멸종은 생물종 전체가 멸종하는 것이 아니라 그 시기에 살고 있던 생물종의 70~90%가 멸종하는 것이다. 대멸종 후 살아남은 생물종들이 자연 진화해서 새로운 지구 생태계가 만들어졌다.

다섯 번의 대멸종은 모두 대규모 화산 폭발이나 우주에서 소행성이 지구에 부딪힌 자연적인 원인으로 일어났다.

마지막 대멸종은 지금으로부터 6500만 년 전 중생대 백악기에 일어났다. 이때 멕시코와 미국 사이에 소행성이 충돌하여 그 충격으로 인해 폭 180km, 깊이 19km 구멍이 생겼고, 인근 반경 1450km 땅이 모두 불탄 것으로 추정된다.

소행성 충돌 이후 대기는 토양 파편과 먼지로 가득 찼고, 식물은 햇빛을 보지 못하게 되어 광합성을 할 수 없어서 모두 죽게 되었다. 또 지구 기온이 급격히 떨어지면서 빙하기가 찾아왔다. 당시 먹이사슬의 최상위 포식자는 공룡이었는데, 공룡이 완전히 멸종된 사건이 다섯 번째 대멸종이다.

2022년 『여섯 번째 대멸종』(엘리자베스 콜버트 저, 쌤앤파커스)이라는 책이 출간되었다. 이 책은 여섯 번째 대멸종이 곧 올 것이며, 이는 자연 현상의 원인이 아니라 인간이 만든 기후 변화가 원인이라고 말한다. 지구상의 수많은 생물종은 서로 먹고 먹히는 먹이사슬로 연결되어 있는데, 그 최상위 포식자가 바로 우리 인간이다.

그런데 기후 변화로 하루에도 무려 70여 종의 생물종이 멸종된다는 보고가 있다. 이런 속도로 100년이 지나면 지구 생물종의 4분의 1이 멸종해서 인간에게 식량을 제공하는 먹이사슬이 무너지고 그로 인해 인간이 멸종할 수도 있다.

나는 이것을 젠가 게임에 비유한다. 원시 생태계는 완전한 젠가 게임의 모습이다. 그런데 기후 변화로 인해 생물종이 멸종하면서 젠가처럼 하나둘 빠져나간다. 젠가 게임은 모든 것이 사라질 때까지 서 있는 것이 아니지 않은가. 어느 임계점이 되면 와르르 쓰러져버린다. 그 임계점이 바로 티핑 포인트다. 즉 인간에게 제공되는 식량 공급에 큰 차질이 생겨서 인류도 멸망하는 것이 바로 여섯 번째 대멸종이다.

지금부터 1만 년 전 빙하기가 끝나고 기후가 안정되면서 인류가 정착 생활을 시작하고 농사를 짓고 가축을 키웠다. 그때 지구 생물종들의 총 생체 중량을 살펴보면 야생동물이 99.9%고 인간과 가축이 0.1%였다. 1만 년이 지난 현재는 야생동물이 3%밖에 안 되고 인간과 가축이 97%다. 1만 년 전에는 야생동물의 다양한 생물이 살고 있었는데, 지금은 우리 인간과 가축 중심으로 생물다양성이 감소하여 기후 변화와 같은 충격이 발생하면 지구 생물종이 쉽게 멸종하게 된다. 굉장히 우려스러운 현상이 아닐 수 없다.

지난 100년 동안 지구상에 어떤 변화가 일어났는지 더 자세히 살펴보자. 인간이 키우는 소가 2020년 기준으로 15억 두로, 100년 전에 비해 4배 이상 증가했다. 닭은 매년 600억 마리를 도축하고, 우리나라에서는 매년 약 10억 마리의 닭을 도축한다. 한 사람이 닭을 매년 스무 마리씩 먹는 것이다. 우리나라에서 병아리가 부화하고 나서 며칠 만에 도축되는지 아는가? 30~40일, 한 달 정도 된 닭을 영계라고 해서 삼계탕 닭으로 소비한다.

　도시화도 아주 빠른 속도로 진행되었다. 우리나라의 도시화율은 2020년 81.4%로 세계 최고 수준이다. 2050년경 84%가 될 것으로 전망한다. 도시가 이렇게 확대되면서 농토가 사라지고 식량 생산량이 줄어드는 것이다.

　지난 100년간 전 세계 산업 생산량은 거의 40배 증가했고 에너지 사용은 16배 증가했다. 물 사용은 9배 증가했고 어획량은 40배 증가했다. 이 모든 수치를 보면 지난 100년 동안 인간이 지구 생태계를 얼마나 파괴하고, 또 얼마나 많은 변화를 일으켰는지 알 수 있다. 우리 식단에도 육식 비율이 증가하면서 기후 변화를 가속하고, 이것이 식량 위기의 큰 원인이 된다.

무엇이 식량 전쟁을 초래하는가

전 세계 인구의 증가는 식량 위기의 가장 중요한 원인이다. 증가한 인구는 식량을 비롯해 물, 에너지의 자원을 더 많이 소비하면서 지구 환경에 더 큰 영향을 미친다. 이러한 영향은 기후 변화를 가속하고 기상이변을 일으켜 식량 생산에 역효과를 가져와서 식량 전쟁의 원인이 된다.

기술 개발도 식량 위기의 원인이다. 기술 개발은 분명 긍정적인 면이 있다. 하지만 많은 에너지를 사용하고 지구 생태계를 위협하며 기후 변화를 일으킨다. 결국 식량 생산에 차질이 생기고, 이에 따라서 전쟁 수준의 위기를 겪게 된다.

2012년에 한국식량 안보연구재단의 이철호 이사장이 쓴 『식량 전쟁』을 보면 2030년이 되면 전 세계적으로 식량 전쟁이 일어날 수도 있음을 경고한다. 2012년에 이미 기후 변화로 2030년 되면 전 세계적으로 식량 위기가 닥칠 거라고 예견한 것이다.

최근에는 남재작 한국정밀농업연구소장이 『식량위기 대한민국』이라는 책을 출간했다. 이 책은 기후 위기와 식량 문제는 서로 연결되어 있다는 것을 인지시켜준다. 또한 미래를 어떻게 예측하느냐에 따라 위기에 대한 대처가 달라질 수 있음을 보여준다. 저자는 탄소중립과 식량 안보 없이는 우리의 미래가 없다고 말한다. 우리나라는 식량자급률이 굉장히 낮아서 외국에 식량 의존도가 높은 나라다. 따라서 우리나라는 OECD 선진국 중에서 가장 먼저 식량 위기를 겪을 수도 있다. 그런데도 우리 국민들과 정치인들은 식량 위기의 심각성을 제대로 인식하지 못하고 있다.

우리 국민이 식량 위기를 인식하지 못하는 이유는 대형 마트나 전통시장에 가면 식품이 넘쳐나기 때문이다. 그래서 감히 우리가 굶어 죽는 식량 위기를 상상하지 못하게 된다. 물론 앞서 언급했듯 우리나라의 식량 위기는 모든 사람이 굶어 죽을 위기는 아니다.

국제 곡물 가격이 폭등하게 되면 국내 물가가 올라가고 식품 가격이 폭등하여 엥겔 지수가 높은 저소득층은 끼니를 굶게 된다. 그러면 굶는 사람들이 가만히 있겠는가. 이들이 폭동을 일으킬 수도 있고 식량을 훔칠 수도 있다. 그래서 발생하는 사회 대혼란이 우리가 겪을 수 있는 식량 위기다.

그런 대혼란의 폭동으로 결국 정권이 무너진 사건이 2010년 북아프리카와 중동에서 발생한 아랍의 봄이다. 그 출발은 바로 기후 위기로 인해 식량 생산이 줄어든 것이었다. 우리나라에서 일어날 식량 위기도 그런 종류가 될 것이다. 그러므로 우리 국민과 정치인, 정부 관계자 등이 식량 위기의 심각성을 인식하고, 이를 극복하기 위한 기후 변화 대응을 실제 행동으로 보여줘야 한다고 강조하고 싶다.

Q 묻고

A 답하기

과연 기후 변화가 전쟁의 원인이 될 수
있는가?

1970년대 북아프리카 수단 다르푸르에서 벌어진
악명 높은 인종 청소는 표면적으로는 아랍계와
아프리카계 간의 종족 갈등으로 볼 수 있지만, 그
이면에는 기후 변화로 인한 생존 갈등이 있다. 다
르푸르 사태는 21세기 최초의 기후 전쟁으로 꼽
힌다.

기후 변화의 피해가 가시화되던 1970년대 초
반부터, 유목 생활을 하던 아랍계와 정착농업 생

활을 하던 아프리카계 사이에는 식수원과 목초
지를 차지하기 위한 민족 간 긴장이 고조되고 있
었다.

그러던 중 만성화된 식량난과 식수난이 발생하
고, 이로 인한 사회갈등과 접목되면서 민족과 종
교라는 허울을 뒤집어쓴 최악의 분쟁 지역이 탄생
한 것이다. 이는 기후 변화의 기존 갈등 요인과 사
회 변화가 만나 어떻게 전쟁으로 진화되는지를 바
로 보여주는 사례다.

기후 변화는 화석 에너지, 특히 석유의 고갈 문
제와 직결된 것일 뿐만 아니라, 식량 및 식수 문제
와 직결된 것이기 때문에, 단순히 폭염과 가뭄, 태
풍과 홍수, 해수면 상승으로 인한 환경 난민의 문
제뿐만이 아니라 식량, 에너지, 물을 확보하기 위
한 지역적 및 국제적 갈등과 전쟁의 원인이 되고
있다.

이제 기후 대응은 테러 근절이나 석유 확보 못
지않은 국가 안보상의 최우선 과제다. 2004년 초
에 공개된 미국 국방성의 「펜타곤 보고서」는 기후

재앙으로 식량난, 에너지난, 식수난 등이 겹친 혼
란이 지구 곳곳에서 일어나 인류 문명 전체가 공
멸할 것임을 진단하면서 강력한 '기후 변화 대응'
을 주문하고 있다.

기후 변화로 인해 많은 생물종이 멸종
하면, 새로운 생물종이 자연스럽게 새
로 태어날 수도 있을까?

오랜 지구 역사 동안에 대규모의 생물종이 멸종하
는 것을 대멸종이라고 한다. 대멸종이라고 불리
는 사건의 공통점은 30% 이상의 식물과 동물 종
이 멸종하고, 특정 생물군이 아닌 여러 종류의 생
물군에서 전 세계적으로 발생한다. 또한 상대적
으로 매우 짧은 시간에 특정 사건과 연관되어 발생
한다.

지구상에 다섯 번의 대멸종이 이미 있었다. 제
1차 대멸종은 약 4억 5천만 년 전 고생대 오르도

비스기에 해양 생물 86%가 멸종했으며 그 원인은 장기간의 빙하기인 것으로 보고 있다. 제2차 대멸종은 약 3억 7000만 년 전 고생대 데본기에 해양 및 육상 생태계 생물의 약 75%가 멸종한 것으로, 그 원인을 운석 출동과 빙하기의 도래로 보고 있다.

제3차 대멸종은 약 2억 5000만 년 전 고생대 페름기 말에 96%의 생물종이 멸종한 것으로, 지구 온난화와 운석 충돌, 화산 폭발을 원인으로 본다.

제4차 대멸종은 약 2억 500만 년 전 중생대 트라이아이스기 말에 대규모의 화산 폭발로 약 80%의 생물종이 멸종했다.

마지막 제5차 대멸종은 약 6500만 년 전 중생대 백악기 말, 소행성의 지구 충돌과 화산 폭발로 약 76%의 생물종이 멸종했으며 이때 최상위 포식자였던 공룡이 절멸했다.

그런데 대멸종은 앞서 언급했던 100%가 아니고 70~90%로 생물종이 멸종하고, 그다음에 오랜 시간이 지나면서 살아남은 생물종이 자연 진화하면서 완전히 새로운 지구 생태계를 이루게 된다. 새로 태어나는 것이 아니라 살아남은 종이 진화한다고 보면 된다.

우리에게 가장 잘 알려진 백악기 대멸종 사건으로, 중생대의 하늘과 땅, 바다를 지배하던 공룡을 포함한 대부분의 파충류와 두족류에 속하는 암모나이트와 벨렘나이트 등이 지구상에서 사라지고, 포유류가 탄생했다. 우리 인간도 원숭이로부터 분리되어 진화했다고 하지 않는가. 이처럼 분리되어 새로운 생태계가 되니까 당연히 멸종이 있다면 오랜 시간이 지나면서 새로운 생물종들이 분화해서 새로운 생태계가 유지될 수 있다.

왜 지구 기온 상승을 산업혁명 이전 대비 1.5도 이내로 제한해야 하는가?

파리기후협정의 주요 목표는 전 지구의 온도 상승을 산업화 이전 수준과 비교하여 기온 상승을

"2도보다 훨씬 낮게well below 유지하고", "1.5도로 제한하는 노력"을 함으로서, 기후 변화의 위협에 전 지구적 대응을 강화하는 데 있다.

우리나라에서 하루 동안에도 10도 이상의 기온 변동이 발생하는 경우가 있다. 이에 비하여 산업혁명 이후 나타난 약 1.1도의 온도 상승은 매우 사소한 것처럼 보이지만 과학적인 증거들은 그 사소한 변화가 이미 전 지구에 걸쳐 다양한 영역에 영향을 미치고 있음을 보여준다. 이러한 영향에는 해수면 상승이나 강수 유형의 변화, 생태계의 변화, 다양한 형태의 극한 기후 등이 포함된다.

지구상에서 지난 5백만 년 동안 전 지구 평균 기온이 1880~1920년 평균보다 2도 이상 따뜻해본 적이 없다. 즉 인류는 2도 이상 온난화된 환경에서 생존해본 적이 없어, 이 온도를 넘게 되면 우리는 한 번도 경험해보지 못한 모험 세계에 들어가게 된다. 오늘날 인류는 기후가 안정된 홀로세라는 약 1만 년 전에 시작된 간빙기에 살고 있다.

빙하기에는 단순히 기온이 낮았을 뿐만이 아니

라 지금보다 더욱 극심한 극한 기후가 발생했었다. 이 극한 기후로 인해 인류는 정착하지 못한 채 수렵과 채집의 구석기 시대를 보낼 수밖에 없었다. 빙하기가 끝나자 인류는 비로소 정착할 수 있었 약 8000년 전 농업이 시작되고, 이어 기후 최적기인 6000년 전에 문명이 탄생했다.

구석기(빙하기)와 오늘날의 문명(간빙기)을 가른, 전 지구의 평균 기온 차는 겨우 5도였다. 그러므로 2도는 기후 변화와 인류 문명에 있어 이미 엄청나게 큰 값이다. 따라서 파리기후협정에서는 2도 상승도 예상보다 더욱 파괴적인 결과를 불러올 가능성이 있어서 특별히 1.5도 상승 수준으로 막기 위한 노력을 함께하자는 내용도 추가한 것이다.

4부_____

인류의
식탁을

구
할

최후의
해법

이제 기후 위기 속에서 우리가 안전한 밥상을 지키고 미래 세대를 위한 식탁을 꾸리는 방법을 모색해야 할 때다. 식량 위기에 대응하기 위해서는 기후 변화를 완화하는 탄소중립이 중요하다. 기후 변화로 농업은 위기를 맞게 되었지만, 한편으로는 식량 위기가 농업인들에게는 기회의 요인으로 작용한다. 식량 위기에서 살아남기 위해 대한민국은 어느 방향으로 행동해야 하는가?

지나간 식량 참사,
다가올 식량 전쟁

아일랜드의 검은 감자

먼저 과거에 식량 위기로 인해 어떤 사건들이 있었는지 몇 가지 살펴보도록 하자. 아일랜드 엑소더스라는 사건이 있었다. 1845년에서 1851년까지 아일랜드에서 기록적인 감자 대흉작이 있었다. 아일랜드에서는 감자가 주식이었는데 계속되는 비로 인해 감자 역병이 발생하고, 몇 년 동안의 대흉작으로 아일랜드 인구가 800만 명에서 550만 명 이하로 감소했다. 이 시기 100만 명 정도가 굶어 죽었다고 한다. 아일랜드의 수도 더블린에는 당시 참상을 표현한 조각상이 있어 아일랜드 엑소더스 참상을 기억하고 있다.

이때 약 150만 명의 아일랜드인은 살아남기 위해 북미

대륙으로 이주했다. 미국으로 이주한 아일랜드의 후손 중에는 유명한 사람도 많다. 케네디, 클린턴, 바이든 등 미국 대통령도 열 명 정도 나왔다. 톰 크루즈나 존 웨인 같은 영화배우도 아일랜드인 후손이다.

아일랜드뿐만 아니라 우리나라에도 이런 사건이 있었다. 조선 후기에 경신대기근이라는 기록이 있다. 1670년(경술년, 현종 11년)과 1671년(신해년, 현종 12년)의 두 해에 걸쳐 일어난 심각한 식량 부족 사건을 경신대기근이라고 부른다.

이 대기근의 원인은 무엇일까? 17세기에 지구에는 소빙하기가 있었다. 소빙하기에는 이상 기후, 가뭄이나 저온, 일기 불순 등으로 인해 농사를 거의 지을 수 없는 흉작이 발생했다. 이런 식량 위기로 당시 100만 명 정도가 굶어 죽었다고 한다. 전염병이 창궐하고 식량 부족으로 도둑질이 만연하여 사회가 불안했다. 초근목피로 연명하거나 심한 경우 인육을 먹기도 했다고 한다.

국사편찬위원회 자료에 따르면 조선 후기 현종 때 인구가 670만 명 정도였는데, 경신대기근으로 100만여 명이 굶어 죽었다. 이 사건이 조선을 지옥으로 만든 최악의 천재

지변이라고 표현할 정도다. 드라마 〈킹덤〉의 모티프가 바로 경신대기근이라고 한다. 이렇듯 우리도 오래전이지만 소빙하기의 기후 변화와 기상 이변으로 식량 위기의 대참상을 겪었다.

2021~2022년 FAO는 전 세계 곡물 총생산량(27억 9930만 톤), 총소비량(27억 8785만 톤)으로 전망했는데, 다행히 소비량과 생산량이 거의 비슷하다. 식량 27억 톤이 정상적으로 생산되고, 생산된 식량이 잘 분배된다면 식량 위기는 발생하지 않는다. 그런데 분배 유통 과정에서 여러 가지 문제로 인해 기아로 허덕이는 사람들, 굶어 죽은 사람들이 전 세계적으로 많이 존재한다. 한편 FAO가 발표하는 세계식량가격지수는 기후 변화와 글로벌 팬데믹, 전쟁 등으로 큰 폭으로 변동하고 있다.

러시아-우크라이나 전쟁이 일어나자마자 세계 각국이 자국민을 위한 식량 보호 정책을 쓰고 있다. 특히, 수출금지, 허가제, 관세 조정 등의 수출 제한 조치가 식량 안보 확보를 위한 핵심 조치로써 활용되고 있다. 국제 곡물 가격이 폭등하면 자국 내에서보다 더 비싼 값에 팔 수 있으니 곡물을 국내 시장에 팔지 않고 수출하려고 한다. 그래서 정부에서 내수 안정을 위해 수출금지 조치를 하는 것이다. 러시아-우크라이나 전쟁 후 여러 나라에서 수출금지 조치를 발동했다.

한편, 기후 변화에 따른 기상이변으로 곡물 생산량이 줄어들면서 국제 곡물 가격이 폭등한다. 이에 따라 수입국에서는 식품 가격이 폭등하고 대혼란이 일어나서 국가의 존립이 위험해지기도 한다.

우리나라의 곡물 수급은 안전한가

국제 곡물 가격은 꾸준하게 증가하고 있다. 곡물 가격의 폭등은 식량 위기를 가져오는 하나의 요인이다. 그래서 국제기구, 특히 세계무역기구에서는 러시아-우크라이나 전쟁이 발발한 직후 전 세계에 식량 위기와 관련된 각료 장관회의(2022년 6월 12~17일)를 개최했다. 각국에서는 식량 안보와 WFP에 대한 각료선언문을 채택했으며, 국제 곡물 가격을 좌지우지하는 대규모 곡물상들의 활동을 감시하거나 통제해 식량 위기가 일어나지 않도록 했다.

특히 러시아와 우크라이나는 세계 최대 규모의 곡물 생산, 수출국이다. 밀의 경우 두 나라가 전 세계 수출량의

28.5%를 차지하며, 옥수수와 식용유용 해바라기씨의 경우 각각 14%, 80%를 차지할 정도로 세계 식량 시장에서 큰 역할을 하고 있다. 이런 나라들의 수출이 막히니까 국제 밀과 옥수수 가격이 폭등하면서 많은 개발도상국에서 식량 위기를 겪게 되었다. 그런 문제들을 UN이 적극적으로 조정하는 일이 최근에 생긴 것이다.

우리나라의 농업은 변화와 도전에 직면해 있다. 우리 경제는 코로나-19로 인해 굉장한 어려움을 겪었다. 물론 전세계 경제가 마이너스 경제로 어려움을 겪고 있다. 또 글로벌 식량 시장은 불안하다. 러시아-우크라이나 전쟁뿐만 아니라 코로나-19로 인해 식량가격지수가 폭등하니 곡물의 약 80%를 수입하는 우리나라는 매우 큰 영향을 받고 있다. 여기에다 우리가 수입하는 곡물 생산국에서 기후 변화에 따른 기상이변이 발생하여 생산량이 감소하면 안정적인 곡물 수입을 담보할 수가 없게 된다.

우리의 곡물 수급 현황을 한번 살펴볼 필요가 있다. 2020년에 우리나라가 소비한 총 곡물 양은 2146만 톤으로 전 세계 소비량의 약 0.7%다. 그중 국내에서 생산하는 곡물이 429만 톤으로 20.2%다. 그리고 1717만 톤, 약 80%의 곡물을 수입에 의존했다.

식량자급률, 즉 우리가 먹는 알곡의 자급률이 45.8%이고, 사료용 곡물을 포함한 곡물자급률은 20.2%밖에 되지 않는다. 소고기, 육식 섭취가 증가하면서 사료용 수입이 많아져 자급률이 많이 떨어지고 있다. 우리가 앞으로 식량 위기 대응을 위해서 육식을 줄이는 식생활에서 많은 변화를 가져와야 한다는 뜻이기도 하다.

꿀벌이 사라지면 인류가 멸망한다

2022년 이른 봄 꿀벌이 실종되어 국가적으로 큰 이슈가 되었다. 이때 사라진 꿀벌의 개체수만 전체의 약 16%인 78억 마리에 이른다고 한다. 2023년 농촌진흥청에서는 월동 벌의 폐사율을 17.5%로 지난해보다 더 많은 꿀벌이 폐사했다고 분석했다. 미국과 유럽에서 2000년대 중반 발생한 '꿀벌군집붕괴현상CCD'과 유사한 상황이 현재 국내에서도 일어나고 있다.

유엔식량농업기구에 따르면 전 세계 야생 식물의 90%, 세계 농작물의 75%가 꿀벌의 수분으로 생산된다고 한다. 꿀벌은 건강하고 안정된 생태계를 유지하고 우리의 식량을 안정적으로 생산할 수 있도록 하는 중요한 매개체 역할을 한다.

이렇게 꿀벌이 우리에게 소중한 존재라는 것을 얘기할 때 "꿀벌이 사라지면 4년 이내에 인류가 멸망한다"라고 예언한 아인슈타인의 말을 인용한다. 물론 이것은 1994년 벨기에에서 환경 오염으로부터 꿀벌을 지키자고 시위하던 프랑스 양봉업자들이 피켓에 적은 문구이기 때문에 실제 아인슈타인의 예언인지에 대한 사실 확인은 어렵다고 한다. 어쨌든 유엔에서도 멸종 위기에 놓인 꿀벌을 지키기 위해 매년 5월 20일을 '세계 벌의 날'로 제정하고 이날을 기념하고 있다.

2022년 정부에서는 꿀벌 실종 원인을 파악하는 대책반을 운영하였다. 꿀벌 실종과 집단폐사 원인을 '질병과 살충제, 기생충, 기후 변화 등 다양한 원인이 복합적으로 작용한 결과'로 분석했다. 기후 변화로 인한 2021년 겨울의 기온 변화가 바로 꿀벌의 실종에 가장 중요한 원인이었다. 그 외에 농약이나 전자파, 신종 바이러스 등으로 꿀벌의 면역력이 약해져서 폐사한 것으로 분석했다. 이것도 식량 위기를 가져올 수 있는 하나의 시나리오라고 본다.

현재 시점에서 꿀벌 생존을 가장 위협하는 원인으로 '기후 변화'가 꼽힌다. 기후 변화에 따른 기온 상승으로 꿀벌의 먹이가 되는 봄꽃이 일찍 피거나 동시에 개화하여 꿀벌의 먹이가 부족한 것도 하나의 원인이 되었다. 실제로 2022년 봄꽃 개화일은 과거 1950~2010년대보다 3~9일 빨라졌다. 결국 꿀벌의 먹이가 되는 밀원수의 수와 종류가 줄어들자 제대로 된 영양소 공급을 받지 못한 벌의 면역력이 약해져, 외부 위협에 더욱 취약해지고 있다.

한편, 겨울철 온난화와 이상 기상 현상 증가는 월동기 꿀벌에게 치명적이다. 2021년 10월 초순까지 기온이 비정상적으로 높았다가 10월 중순 갑자기 온도가 10도 이상 급격히 떨어지면서 월동을 준비하던 꿀벌에게 스트레스를 줬다. 이후엔 12월 초순에 기온이 높다가 25일 기온이 급락해 꿀벌이 정상적인 월동에 들어가지 못했다.

인류의 구원자,
탄소중립

2050 탄소중립 시대를 향해

그럼 우리는 어떻게 대응해야 할까? 식량 위기에 가장 큰 영향을 미치는 것이 기후 위기이므로 농업에서도 기후 위기에 대응하는 탄소중립을 이뤄야 한다.

탄소중립의 개념에 대해서는 잘 알고 있을 것이다. 우리가 살면서 온실가스를 배출하지 않을 수는 없다. 자동차를 타거나 난방을 해야 하기 때문이다. 그래서 탄소중립은 인간의 활동에 의한 온실가스 배출을 최대한 줄이고, 남은 온실가스는 흡수(산림 등), 제거해서 순배출량이 0^{zero}이 되는 개념이다. 그래서 탄소중립을 '넷제로'라고 부른다.

2015년 파리기후협정에서는 전 지구의 기후 변화 대응을 위해 평균 기온 상승을 산업혁명 이전에 비해 2도보다 낮게 유지하고, 나아가 1.5도로 제한하기 위해 노력하자고 약속했다. 이를 위해 각국에서는 2030년 국가온실가스감축목표[NDC]를 유엔에 의무적으로 제출하도록 했다. 또한 각국이 2050년까지 장기저탄소 발전전략[LEDS]을 세워서 유엔에 제출하도록 의무화했다.

유엔에서는 IPCC에 1.5도로 제한하려면 어떤 조치를 해야 하는지를 연구해서 보고서를 제출하도록 요청했다. 이 보고서가 2018년 발표된 「IPCC 1.5도 특별보고서」다. 이 보고서 내용의 핵심은 1.5도를 달성하려면 전 세계 모든 나라가 2030년까지 2010년에 배출한 온실가스의 최소 45% 이상 줄여야 한다는 것이다. 그리고 "2050년까지 탄소중립을 달성해야 한다"라고 했다.

이처럼 IPCC의 과학자들은 어떻게 하면 1.5도까지의 상승을 유지할 수 있는지 방법을 가르쳐줬다. 이제 정책결정자들이 행동으로 실천하는 것만 남았다. 이 발표를 보고 2019년에 EU에서는 2050년 탄소중립을 달성하겠다고 선언했다. 미국, 일본 등 OECD 선진국 대부분이 2050 탄소중립을 선언했다. 중국에서도 비록 2060년까지지만 탄소중립을 선언했다.

앞서 언급한 것과 같이 2030년까지 감축 목표를 5년마다 제출하도록 의무화했는데, 미국을 중심으로 OECD 선진국에서는 2017년 제출했던 감축 목표보다 2021년에 제출할 때는 더 강력하게 감축하겠다는 목표를 세웠다. 영국은 1990년 배출량의 68%까지 감축하겠다고 약속했고, 일본도 2030년까지 2013년 배출량의 46%를 줄이겠다고 약속했다.

우리나라도 문재인 전 대통령이 2020년 10월 28일 국회 시정연설에서 "우리도 국제사회와 함께 기후 변화에 적극 대응하여 2050 탄소중립을 달성하겠다"라고 선언했다. 그리고 선언에 그치는 것이 아니라 탄소중립 달성을 위해 관리 감독하는 탄소중립위원회를 설치했다. 국회에서는 2021년 9월 24일 '기후위기 대응을 위한 탄소중립·녹색성장 기본법', 약칭 '탄소중립기본법'을 제정했다. 이 법이 2022년 3월 25일에 시행되었다.

이로써 우리나라는 전 세계에서 14번째로 탄소중립기본법을 만든 나라가 되었다. 스웨덴이 가장 먼저 2017년에 입법했고, 그다음이 영국이었다. 대부분의 OECD 선진국이 탄소중립을 선언하고 법을 제정하고 있다.

우리나라의 탄소중립 기본법

탄소중립 기본법의 주요 내용을 살펴보자. 2050년 탄소중립 목표와 2030년 국가온실가스감축목표를 2018년 대비 35% 이상으로 정했다. 그리고 탄소중립 기본 계획을 중앙 정부뿐만 아니라 지방자치단체는 물론, 앞으로는 기업까지 중장기 계획을 수립해서 실천하도록 했다. 그 계획을 탄소중립위원회에 제출해서 검토받고 제대로 실천하는지 관리 감독을 받도록 법으로 명시했다.

또한 탄소중립을 달성하기 위해 중요한 세 가지 정책 수단을 도입했다.

첫째는 '기후 변화 영향평가제도'로, 2022년 9월부터 시행되었다. 현재 정부나 기업이 대규모 사업을 할 때 반드시 환경영향평가를 통과해야 사업이 시행된다. 환경영향평가는 사업이 현재 환경에 영향을 미치는 정도만 평가하기 때문에 상대적으로 통과하기 쉽다.

그런데 앞으로는 그런 사업을 하려면 추가로 기후 변화 영향평가를 받아야 한다. 기후 변화영향평가는 본 사업이 미래 기후에 어떤 영향을 미치느냐에 따라 사업을 승인해 줄 수도 있고, 승인 거절할 수도 있으므로 이는 기후 변화 대응을 위한 강력한 제도적 장치다.

둘째는 '온실가스감축인지 예산제도'다. 정부 중앙부처나 지방자치단체들이 기획재정부에 예산을 신청할 때 본 예산이 미래 온실가스를 감축에 어떤 영향을 미치는지 설명하도록 했다. 즉 온실가스 감축에 기여하는 사업을 우선하여 지원하고 그렇지 못한 사업은 우선순위에서 밀려 예산을 따지 못할 수도 있다.

셋째는 '온실가스 배출권거래제'로 정부는 국가비전 및 중장기감축목표등을 효율적으로 달성하기 위하여 온실가스 배출허용 총량을 설정하고 시장 기능을 활용하여 온실가스 배출권을 거래하는 제도를 운용한다.

그리고 '기후대응기금'을 설립했다. 매년 2조 5000억 원의 예산을 편성해서 이 기금으로 기후 대응을 위한 사업을 한다. 정부 부처나 공공기관 등에서 기후 변화 대응을 위해 활용할 수 있는 예산이다.

따라서 우리나라는 탄소중립을 위한 입법, 제도, 제정, 거버넌스를 다 갖췄다. 이제는 실천만 남았으며 법으로 제정되었기 때문에 실천하지 않으면 처벌받게 된다.

그러나 걱정되는 점이 여전히 많다. 지난 1990년부터 2019년까지 우리나라가 배출한 탄소량은 1997년 IMF 외환위기 때 약간 떨어진 것을 제외하면 지속해서 증가했다. 2018년에는 전년 대비 2.5% 증가한 7억 2760만 톤으로 역대 최고치를 기록했다. 산업 부문별 온실가스 배출 구성을 보면 에너지가 87%, 산업 공정이 7.8%, 농업이 2.9%, 폐기물이 2.4%다.

온실가스 배출량을 줄이려면 에너지 생산과 관련한 석탄화력발전소, 자동차 등 화석 연료 사용을 줄여야 하는데, 문제는 그러면 경제가 위축된다는 점이다. 그래서 온실가스감축이 굉장히 어려운 '불편한 진실'이라고 한다.

OECD 국가들은 유엔 기후 변화협약이 체결된 1992년부터 온실가스 배출량을 줄이기 위한 정책을 꾸준히 실시했다. 그래서 EU 국가들은 오히려 줄어들었다. 앞으로 이런 나라들은 매년 감축량을 2% 정도만 줄여도 2050년 탄소중립을 달성할 수 있다.

한편 우리나라의 탄소 배출량은 1992년부터 지속해서 증가하여 2050년 탄소중립을 달성하려면 매년 4.17%씩 급격하게 줄여야 한다. 수출 의존도가 높은 우리나라가 탄소국경조정제도CBAM가 시행되는 OECD 선진국과 경쟁할 수 있을지 걱정스럽다.

농업도 탄소 배출에서 자유롭지 못하다

농식품 분야에서 탄소 배출량이 2.9%밖에 되지 않는다고 해서 적은 양으로 생각할지 모르겠지만, 그렇지 않다. 농산물은 생산하면 끝이 아니라 수송, 가공, 포장되어 식품으로 만들어져 우리 식탁까지 온다. 우리가 그 음식을 먹고 다시 폐기물로 처리한다.

이러한 농식품 시스템 전체를 농업 부문으로 고려해야 한다. 그러므로 우리나라에서 농업 부문의 배출량은 2.9%가 아니라 적어도 10~15%가 될 것으로 보인다.

EU에서는 이미 오래전부터 농업 부문의 탄소중립을 '농장에서 식탁까지Farm to Fork'의 푸드 시스템 관점에서 관리했다. 현재 EU에서는 농업 부문의 푸드 시스템에서 24% 이상, 심한 경우 34%까지가 식품과 관련하여 배출되는 온실가스라고 한다. 전체 온실가스 배출의 3분의 1을 차지하는 양이다.

우리나라 농업 분야의 배출량을 한번 살펴보자. 논이나 밭에서 농사를 짓는 것을 '경종'이라고 하는데, 이 경종에서 배출되는 온실가스가 55.6%이고 축산에서 배출되는 온실가스가 44.4%다.

경종에서는 특히 벼 재배에서 온실가스가 많이 배출된다. 논 토양에 있는 혐기성 박테리아가 유기물을 분해하면서 메탄을 많이 배출한다. 이것이 농업 부문 전체 배출량의 29.7%다. 그리고 농지에 비료를 사용하면서 발생하는 아산화질소가 25% 정도 된다.

축산에서 주로 소, 말 등 되새김하는 가축들은 소화 과정에서 장내 발효를 통해서 메탄을 배출한다. 소는 위가 네 개라고 한다. 소가 사료를 씹어서 분해하는 과정에서 메탄이 계속 발생한다. 위에서 발생하는 메탄은 트림을 통해 숨을 쉴 때 나오고, 장에서 생기는 메탄은 방귀를 통해서 배출된다.

소를 포함한 가축에서 나오는 메탄의 양이 전체 농업 부문 배출량의 21%를 차지한다. 그리고 가축 분뇨에서 나오는 메탄이 23%이다.

그래서 우리 농업 부문에서 배출하는 온실가스 총배출

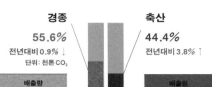

경종		축산	
55.6%		**44.4%**	
전년대비 0.9% ↓		전년대비 3.8% ↑	
단위: 천톤 CO₂		단위: 천톤 CO₂-eq	

배출원	배출량
벼재배	6,297(29.7%)
농경지토양	5,472(25.8%)
작물잔사소각	14.9(0.1%)
합계	11,783

배출원	배출량
장내발효	4,471(21.1%)
가축분뇨처리	4,936(23.3%)
합계	9,407

2020년 농업 분야 온실가스 배출량[8]

량 중 메탄이 57.4%이고 비료와 같은 데서 나오는 아산화
질소가 42.6%다. 이런 온실가스 배출원의 세부 내용을 토
대로 온실가스 감축 정책을 세워야 한다.

또한 농업 분야별 온실가스 배출량 추이를 보면, 1990
년대만 해도 벼 재배 시 배출되는 온실가스가 농업 부문에
반 이상을 차지했다. 그런데 쌀 소비가 줄어들고 육류 소비
가 늘면서 가축을 사육하면서 나오는 장내 발효나 가축 분
뇨 부분이 급격히 증가했다.

온실가스를 줄이는 가장 좋은 방법, 메탄 서약
우리나라 농축산 부문에서 온실가스 배출량이 약 2400만

톤인데, 2030년까지 37.7% 감축해서 1540만 톤 정도로 줄이도록 정책을 세우고 있다. 다행히 농업 부문에서는 농사를 지으면서 흡수하는 온실가스의 양이 많다. 예를 들어, 벼농사는 광합성을 통해서 대기 중 이산화탄소를 흡수한다. 이러한 점을 고려하여 농업 부문에서는 에너지와 산업 부문보다 상대적으로 감축률이 낮게 결정되었다.

대기 중의 주요 온실가스인 이산화탄소는 한 번 배출되면 200년 가까이 남는다. 그래서 산업혁명 이후에 배출된 대기 중의 이산화탄소는 아직도 남아서 축적되고 있다. 지금 당장 이산화탄소를 배출하지 않아도 200년 동안 축적된 것이 있으니까 감축 효과가 늦게 나타나는 것이다. 이에 비해 메탄은 대기 중의 수명이 10년밖에 되지 않으므로 지금 배출하지 않으면 10년 후에는 없어지므로 온실가스감축 효과가 굉장히 좋은 특성이 있다.

그래서 2021년 영국 글래스고에서 개최된 기후 변화 협약총회COP26에서 세계 각국이 메탄 서약GMP에 서명했다. 메탄 서약은 2020년 메탄 배출량 대비 2030년까지 최소 30% 이상 줄이자고 약속한 것이다. 이 서약에 우리나라를 포함해서 미국, EU 등 119개국이 가입했다.

메탄은 교토의정서에서 정의한 6대 온실가스 중 하나로 지구 온난화에 미치는 영향이 이산화탄소의 21배, 즉 지구 온난화지수^{GWP}가 21인 가스다. 국제사회는 이러한 메탄 감축의 지구 온난화 완화효과에 주목하고, 적극적인 감축을 추진하고 있다.

그런데 우리나라의 메탄 배출량은 2018년 기준 2800만 톤(이산화탄소 환산량)으로 국내 전체 온실가스 배출량의 3.8%이며, 농축 수산(1,220만 톤, 43.6%), 폐기물(860만 톤, 30.8%), 에너지(630만 톤, 22.5%) 부문에서 배출되고 있다. 농축 수산 부문에서는 벼 재배 과정, 가축의 장내 발효, 가축 분뇨 처리 등에서 배출된다.

우리나라에서 1970년대에 1년간 1인당 고기 소비량이 11.3kg였는데 현재는 57kg로 거의 네 배 증가했다. 그만큼 온실가스 배출에 대한 부담을 축산에서 많이 기여하고 있다. 그래서 메탄 서약은 축산업에 어려움을 줄 수밖에 없다. 그러나 어쨌든 해야 할 일이므로 방법을 찾아야 한다.

최악의 식량 위기에서
살아남는 법

2050년 미래산업 메가트렌드

농업에 종사하는 사람들은 기후 변화에 따른 식량 위기로 걱정이 많지만, 희망도 있다. IMF와 세계은행^{WB}의 미래 전망보고서를 기반으로 한 일본 스미모토상사의 글로벌리서치 보고서에 따르면 기후 변화, 인구 증가, 도시화가 확대될 2050년대에 3대 산업 메가트렌드는 '모빌리티', '헬스케어' 그리고 '농업테크'라고 한다.

모빌리티는 에너지 부족과 자원 부족으로 전기자동차 등이 가장 중요한 산업이 될 것으로 전망하고 있으며, 헬스케어는 인구구조가 고령화되면서 노인 건강 관리가 중요한 산업으로 자리매김할 것으로 전망했다.

모빌리티나 헬스케어는 충분히 예상했겠지만 농업테크는 좀 의외로 생각될 것이다. 그런데 빌 게이츠나 짐 로저스 같은 사람은 이미 농업에 투자하기 시작했다고 한다. 그만큼 미래 농업은 기후 변화나 물 부족, 식량 부족으로 인해 아주 중요한 산업이 될 거라고, 국제적으로 저명한 기관들이 전망하고 있다. 식량 위기로 농업이 위기의 산업이라고 생각할 수 있지만, 역으로 기후 변화가 농업인에게는 기회가 될 수도 있는 것이다.

농업은 기후 의존성이 매우 큰 산업이므로 기후 변화의 영향을 크게 받는다. 기후 변화에 따른 기상 이변은 농업의 생육 환경을 변경시켜서 작물 생산량이 떨어진다. 식량 수출국에서 기후 변화에 따른 기상 재해로 곡물 생산량이 줄어들면 국제 곡물 가격이 급등하게 된다.

우리처럼 농산물 수입에 의존하는 나라는 수출국에서 기후 변화로 인해 생산에 차질이 생기고 국제 곡물 가격이 상승하면 식량 위기를 맞을 수가 있다. 물론 기후 변화뿐만 아니라 석유 파동, 경제 위기, 글로벌 팬데믹과 전쟁 등이 발생하면 식량 보호주의 경향이 심화하면서 식량 안보에 관한 관심과 우려가 고조된다. 즉 애그플레이션이 일어날

구분	분야	세부내용
농업 인풋의 고도화	종자 개발·개량	- 유전자 공학 응용 - 날씨 적응·병충해 내성, 다수확품종 선택
	비료, 농약 발달	- 비료·농약 발달에 의한 수확량 증가
경영의 고도화	농업 경영의 가시화	- 생산실적/경영수익 수치화, 판매 가격에 입각한 계획, 농지(농밭)별 수익 관리
	마케팅	- 직접 유통(생산자→소비자), 6차 산업에 의한 고부가 가치화, 안전·안심 및 추정성 확보
농업 현장의 고도화	농업 데이터 직접, 각종 판단 고도화	- 인공위성·드론 카레·농지 센서 등을 통한 데이터 수집 및 활용(온도·습도·영양소·병충해 등) - 농업 현장에서 모범 사례 발굴 및 전파
	농지 정비·관개 정비	- 분산된 농지의 일괄 관리, 관개·농업용수 관리
	자동·에너지 절약	- 농기계 무인 운영(야간작업 가능) - 드론·로봇 이용 * 비료·농약 살포·제초·운반 * 작업 이력 데이터베이스화
	식물공장	- IoT/AI를 활용한 식물공장(Vertical Farming) - 온도·습도·CO_2·영양소 등 관리 철저
	가축·낙농	- 가축 개발 관리, 영양·질병·발정기 인지, 질병 예방

2050년 농업테크 산업 메가트렌드[9]

수 있는 것이다.

여기에 대응하기 위해 첫째로 식량 자급 능력을 높여야 한다. 우리나라에서는 식량 생산량을 높이는 데 한계가 있으므로 곡물 수입량을 줄일 수 있는 정책, 다시 말해서 육식을 줄이면서 사료용 곡물 수입을 줄이는 것도 한 가지 방법이다. 남아도는 쌀 소비를 늘리는 식생활을 개선하고 음식물 쓰레기를 줄이는 것도 하나의 방법이 될 수 있다.

농산물을 해외 수입에 의존하는 우리나라는 수입 안정을 위해 주의, 경계, 심각의 단계별로 조기 경보 시스템을 만들어 정부가 적극적으로 수입 공급 기반을 확대한다든가, 해외 농업 개발이나 국제 곡물 조달 시스템을 개선하는 등 대응 수단이 작동해야 한다. 또한 곡물이 외국에서 잘 생산되는지 관측하는 모니터링 체계, 전문 인력 양성, 금융 지원 등 지원 시스템도 갖추어야 한다.

식량 위기에 현명하게 대처하는 법

먼저 식량자급률을 향상하기 위해서는 어떻게 해야 할까? 정황근 농림축산식품부 장관은 남아도는 쌀 소비 확대 정책을 적극적으로 추진하고 있다. 예를 들어 쌀 중에서도 밀가루와 같은 가루쌀을 만드는 분질미라는 품종이 있다. 이 가루쌀(분질미)을 많이 재배해서 밀가루 대신 사용해 쌀 빵 등의 제품을 만들면 우리 식량자급률을 10% 정도 높일 수 있다고 한다. 밀의 수입량을 10% 정도 줄이는 정책이다.

1970년대 우리는 매년 1인당 130kg의 쌀을 소비했다. 그런데 2020년에는 57kg 정도로, 반 이상 줄었다. 그러면 왜 이렇게 쌀 소비가 줄었을까? 우선 빵과 육식을 선호하는 식생활의 변화를 들 수가 있다. 그리고 흰 쌀밥을 먹으면 살이 찌거나 당뇨병에 걸리기 쉽다는 얘기를 들어봤을 것이다. 그러나 이것은 과학적 근거에 기반하지 않고 잘못 알려진 것이라고 한다.

쌀밥에 많이 들어 있는 탄수화물을 필요량 이상으로 섭취했을 경우 식후 혈당을 높일 뿐 아니라 과잉 열량이 쌓이게 되어 체지방이 증가하게 된다. 그렇다고 해서 탄수화물을 충분히 섭취하지 않으면 오히려 근육이 손실되거나 지방이 분해되면서 케톤체가 쌓이고 저혈당을 유발할 수 있으므로 적절한 양의 섭취가 중요하다.

따라서 탄수화물은 우리 몸에서 가장 먼저 당분으로 분해되면서 에너지원으로서 활동하는 데 사용되므로 적당량의 쌀은 건강에 좋은 착한 탄수화물이다. 또 쌀에는 일부 단백질이 들어 있는데, 이 단백질은 특히 아이들의 발육에 아주 좋다. 이런 쌀 소비를 늘리면 식량자급률도 높일 수 있고, 우리 건강에도 좋다.

쌀은 우리나라에서 가장 잘 재배되는 작물이고 주식이기 때문에 우리 조상 대대로 쌀을 먹고 살아왔다. 그래서 쌀은 유전적으로도 우리 몸에 가장 적합한 식량이라고 볼 수 있다. 그런데 최근 식생활이 바뀌면서 빵, 육류, 커피 등의 소비가 늘어나고 있다. 육류를 줄이고 밥을 적당히 먹는 것이 식량자급률을 높이고 식량 위기를 극복하는 중요한 실천이 될 것이다.

전 세계 8억 명 정도가 굶주림에 시달린다. 특히 아프리카, 동남아시아 등에서 많은 인구가 기아로 고통받고 있다. 반면 선진국 사람들은 비만에 병들어가고 있다. 미국, 캐나다, 유럽, 러시아, 호주 등은 비만으로 병들어 있으며, 상대적으로 음식물 쓰레기를 엄청나게 많이 배출한다. 전 세계에서 매년 1인당 버려지는 음식물은 평균 74kg이다. 북아메리카에서는 1년에 1인당 290kg 정도의 음식물을 버린다고 한다. 음식물 폐기물을 처리하면서 발생하는 온실가스가 전 세계 온실가스의 8~10%를 차지한다. 그래서 음식물 쓰레기 배출량을 줄이는 것은 기후 변화와 식량 위기를 극복하는 데 중요한 정책이 될 수 있다.

기후 위기 시대의 미래 농업 전망

앞으로 농업은 디지털 스마트 농업으로 나아가게 될 것이다. 4차 산업혁명 기술을 융합한 로봇이나 자율주행, AI, IoT 등 첨단 기술을 활용해서 디지털 지식 기반 농업으로 가야 청년 농부가 늘어날 것이다. 스마트 농업을 적용하면 작업을 자동화하고 정보 공유를 간소화하며 디지털 정보를 활용할 수 있다.

최근 스마트팜에 관해 관심이 커지고 있다. 농촌진흥청에서는 스마트 온실과 스마트 축사의 모형을 제시하고 있다. 대부분 자동화된 것이 특징이다. 스마트 온실의 경우 누구나 편하고 쉽게 고품질 농산물을 생산할 수 있다. 로봇이 딸기를 따고 농부는 그 옆에서 휴식을 취하면서 스마트폰으로 작업을 지시하는 우리 미래의 모습이다. 물론 일반 곡물은 부가가치가 낮아서 적용하기 어렵지만, 고부가가치의 농산물 생산에 적용할 수 있는 미래 산업이 될 것이다. 스마트 축사 역시 깨끗하고 안전한 환경에서 편리하게 가축을 기를 수 있는 축사다.

대표적으로 이런 스마트팜이 발달한 나라가 네덜란드인데, 국토 면적은 우리나라의 절반밖에 되지 않지만 전 세계 농축산물 수출 2위 국가다. 스마트 온실, 스마트 축사 등으로 힘을 많이 안 들이면서 농산업을 할 수 있는 시대가 오면 우리나라도 경쟁력을 높일 수 있을 것이다.

그리고 기후스마트농업CSA을 발전시켜야 한다. 기후스마트농업에는 세 가지 중요한 목표가 있다. 첫째는 식량 생산량을 지속적으로 늘려서 농가 소득을 증가시키는 것이다. 둘째는 기후 변화로 인한 기상 재해 등에 대한 복원력을 강화하는 것이다. 셋째는 기후 변화를 완화하기 위해 온실가스를 줄여가는 것이다. 이 세 가지를 동시에 달성하기 쉽지는 않지만 앞으로 농업은 이런 방향으로 가야 한다는 것이다. 유엔이 추구하는 지속가능개발목표 달성을 위해 식량 안보를 확보하고 기후 변화에 적응하는 게 미래 농업이 갈 길이다.

농업 부문에서 온실가스를 줄이는 방법을 몇 가지 소개하겠다. 소 사료에 해조류를 첨가해서 온실가스를 줄이는 기술이 개발됐다. 이 일의 발단은 호주의 해안가에 있는 목장에서 해초를 먹고 사는 소가 굉장히 번식을 잘해서 주변에 있는 대학의 국립연구소에 의뢰한 것이었다. 그런데 해초 중 바다고리풀이라고 하는 것을 1% 정도 첨가해서 소에게 먹였더니 트림에서 배출하는 메탄의 온실가스가 무려 59% 줄어드는 효과가 있다는 것을 발견했다. 그래서 해초를 넣은 사료를 개발해서 상품화했다.

우리나라는 삼면이 바다이기 때문에 해조류가 많다. 여러 가지 해조류를 소 사료로 이용한다면 곡물 수입량을 줄일 수 있어서 곡물자급률도 높일 수 있으며, 온실가스를 줄여서 기후 변화를 완화할 수도 있다.

또 하나는 소 마스크다. 이것은 영국의 스타트업인 젤프 ZELP사에서 개발한 것으로 소의 호흡으로 배출되는 장내 발효 메탄을 포집해 이산화탄소와 물로 변환해주는 마스크다. 소가 이 마스크를 쓰면 마스크가 메탄을 빨아들여서 필터를 통과하면서 이산화탄소와 물로 변화시켜 방출한다.

물론 이산화탄소도 온실가스지만, 똑같은 분자량이라고 하면 메탄이 이산화탄소보다 21배나 온실 효과가 크다. 그러니까 메탄을 이산화탄소로 분해하면 결국 온실 효과를 21배 줄일 수가 있다. 이 장비는 태양광 배터리를 쓰는데, 한 번 착용하면 5년까지 교체 없이 사용할 수 있다. 소 마스크는 이미 상품화되어 많은 유럽의 농장에서 소 마스크를 사용하고 있다. 이 또한 기후 변화를 완화하는 하나의 방법이 될 수 있다.

식량을 확보하기 위한 노력

개인으로서 우리가 할 수 있는 방법은 식품의 탄소발자국을 줄이는 것이다. 곡물 1kg 생산하기 위해 2.7kg의 온실가스가 방출된다. 그런데 곡물로 만든 사료를 먹여 소고기 1kg을 생산하기 위해 온실가스가 약 50kg 방출된다. 따라서 기후 변화 대응을 위해서 육식, 특히 소고기 섭취를 줄이는 것이 한 방법이다.

곡물에 있는 식물성 단백질로 소고기나 치즈, 소시지와 같은 식품을 만들고 맛도 유사하게 만드는 것을 대체육이라고 하는데, 현재 대체육이 비건 식품으로 나오고 있다. 이런 산업은 앞으로 확대될 전망이다. 2025년이 되면 전세계에서 대체육 식품이 육식의 10% 정도를 차지할 것으로 전망된다. 2040년 되면 실제 고기를 먹는 비율은 40%로 줄어들며 식물성 단백질로 만든 대체육이나 배양육을 먹는 비율이 60%가 될 것이라고 한다. 따라서 우리나라도 대체육과 배양육에 관한 연구를 좀 더 적극적으로 할 필요가 있다.

사료는 주로 곡물로 만들어진 식물성 단백질이다. 소에게 사료 100kg를 먹이면 6.5kg의 동물성 단백질이 나온다. 그런데 메뚜기에게 사료 100kg를 먹이면 무려 54kg의 동물성 단백질이 나온다. 그만큼 효율이 큰 것이다. 이 또한 온실가스 배출을 줄이고 식품의 다양성도 늘릴 수 있는 하나의 좋은 기술이라고 본다.

또한 소고기 1kg 생산에 사용되는 물 사용량이 1만 5400l다. 물이라는 것은 결국 에너지인데, 전 세계에서 60~70%의 수자원이 농업에서 사용된다. 소가 기후 변화에 끼치는 영향이 이토록 크다. 이에 비해 곤충은 1kg을 생산하는 데 필요한 물은 3700l에 불과하다. 곤충은 가축 사육에 비해 물 소비량이 적어서 물 부족이 우려되는 미래에 중요한 식량 자원이다.

그래서 이미 유럽에서는 곤충을 식품으로 만드는 산업이 많이 연구되고 있다. 우리도 앞으로 곤충을 이용해서 식량 위기를 극복할 수 있는 정책이 필요하다.

전 세계적으로 메이저 곡물상들이 국제 곡물 가격을 좌지우지한다. 세계 4대 곡물 회사의 앞 글자를 'ABCD'라고 부른다. 미국의 곡물 회사인 아처 대니얼스 미들랜드ADM,

벙기Bunge, 카길Cargill 그리고 프랑스 회사인 루이드레퓌스 컴퍼니LDC가 국제 곡물 시장의 80%를 장악하고 있다.

우리 정부에서는 식량 수입 안정화를 위해서 국내 기업을 육성 지원하고 있다. 최근 포스코 인터내셔널이 우크라이나의 곡물 수출 터미널을 건설하고, 몇몇 회사가 직접 해외에 가서 곡물을 생산하기도 한다. '팜스토리'는 러시아 연해주에 가서 콩을 생산해서 국내로 들여오는 기업이다. 또 현대코퍼레이션홀딩스는 미얀마 캄보디아에 가서 망고를 생산해 직접 국내로 도입한다. 이렇듯 현지에서 직접 생산해서 수입하는 회사들이 많이 생겨서 우리나라의 곡물 수입 안정성을 확보하도록 정부가 적극적으로 지원해야 한다.

미래 우리가 안전한 먹거리의 식량을 충분히 확보하고 지속 가능한 사회를 유지하려면 우리가 어떤 경로를 선택해야 하는지는 명확하다. 어렵지만 탄소중립을 달성해 2100년에도 우리 후손들이 회복할 수 있는 지구 환경에서 안전하게 살아갈 수 있는 길로 가야 한다. 그런데 문제는 이미 많이 지나와서 기후 회복력이 있는 개발을 가능하게 하는 기회의 창이 빠르게 좁아지고 있다는 것이다. 좀 힘들

고 불편하더라도 탄소중립을 더 이상 미룰 수 없는 시점이
다. 당장 오늘부터 모든 국민이 기후 변화에 따른 식량 위
기 대응을 위해 행동하고 실천하는 것이 매우 중요하다.

Q 묻고

답하기 A

플라스틱 사용 제한이 실질적으로 기후 변화 완화에 도움이 되는가?

인류 역사상 최고의 발명품이라는 찬사를 받으며 우리 생활에 지대한 영향력을 미치는 플라스틱은 가볍고 가공성도 우수한 데다 가격까지 저렴해 유통, 포장, 운반 등 다양한 산업군의 발전에 크게 기여해왔다. 하지만 플라스틱은 제품이 만들어지고 사용 후 폐기되는 순간까지 온실가스를 배출하여 기후 변화를 가속하는 물질이다. 플라스틱은 석유화학 물질, 즉 화석연료에서 만들어진다.

전 세계적으로 플라스틱 생산량과 폐기물 발생량은 늘어나고 있으나 재활용률은 9%에 불과하다. 2019년 플라스틱 생산과 소비 과정 전반에서 약 18억 톤의 온실가스가 배출되었고, 이 중 90%는 화석연료로부터의 생산 및 전환 과정에서 발생했다. 특히 플라스틱은 해양 폐기물의 80%를 차지하는데, 해양 미세플라스틱은 해양 생태계를 파괴하여 미래 주요 식량 자원인 어류에 치명적인 영향을 미친다.

정부 차원에서나 발전소에서 온실가스 줄이는 것은 아주 큰 효과가 있지만 그게 전부가 아니다. 결국 우리 국민, 세계의 모든 사람이 온실가스 배출 요인을 제공하는 원인이기 때문이다. 비록 작은 빨대 하나지만 그 빨대를 전 국민이 쓰는 양이 얼마나 많겠는가? 모두가 그런 빨대를 쓰지 않는다면 그 빨대를 만들기 위해서 가공하는 과정에서 에너지나 온실가스 배출도 줄일 수 있는 것이다. 플라스틱 빨대 사용 제한과 같은 활동이 실질적으로 기후 변화 완화에 큰 도움이 된다고 본다.

특히 플라스틱은 지구상에서 분해가 되지 않아 환경에 큰 피해를 준다. 토양 오염을 통해 농업 생산량 감소와 해양 오염을 통해 어족 자원 감소로 식량 위기의 주요한 원인이 된다. 그렇기 때문에 한 사람 한 사람의 작은 실천이 모여 큰 성과를 낼 수 있다. 또 그렇게 해야만 기후 변화 대응과 식량 위기를 극복할 수 있다.

우리나라 식량/곡물자급률의 현황과
문제점은 무엇인가?

식량자급률은 전 국민이 한 해 동안 다양한 형태로 소비하는 식량 총량 가운데 국내에서 생산한 식량의 총량이 차지하는 비율을 나타낸다. 작물별로 보면 밀·옥수수 등은 자급률이 매우 낮지만, 쌀 자급률이 높아 식량자급률을 끌어올리는 것으로 나타나고 있다. 곡물자급률은 국내에서 소비되는 전체 곡물량(사료용 포함) 중에서 국내에서 생산된 전체 곡물량이 차지하는 비율을 나타낸다.

우리나라 식량자급률도 1970년 86.2%에서 2020년 45.8%로 떨어졌다. 곡물자급률은 1970년 80.5%에서 2020년 20.2%로 급락했다. 곡물자급률이 낮아지는 직접적 원인은 사료용 곡물 수입 증가에 있다. 하지만 보다 근본적 원인은 지속적인 농지 감소, 빠른 농촌 고령화, 생산 확대 예산 부족, 농업 생산성 정체 등에서 찾아야 한다.

OECD 선진국 중에서 식량자급률이 낮은 나라는 일본과 한국뿐이다. 식량자급률이 50%를 밑돌다 보니 식량주권에 위협을 느낄 수밖에 없다. 영국 이코노미스트 그룹이 발표한 2022년 식량안보지수에서 우리나라는 세계 113개국 중 39위로 나타났다.

최근 5년 기준 쌀 자급률 평균은 98% 수준이었다. 혹시라도 나머지 2%까지 채워야 완벽하게 자급하는 것이 아닌가 하는 의문이 들 수도 있다. 하지만 우리나라는 국제 무역 분야 WTO 협정에 따라 쌀을 매년 40만 9000톤 규모로 수입해야 하는 의무가 있다. 이 물량만 해도 연간 소비량의 10%에 육박한다. 따라서 쌀 식량자급률이 100%가 되면 오히려 상당한 양의 쌀이 과잉 공급돼 이를 처리하는 데 막대한 재정을 투입해야 한다.

2021년 우리나라 곡물자급률 20.9%, 식량자급률 44.4%로 매우 낮지만 이 정도 유지가 가능한 것은 쌀 자급률이 높게 뒷받침되기 때문이다. 그래서 곡물자급률, 식량자급률 산출 후 함께 살피는 것이 '쌀을 뺄 때'의 자급률 변화다. 즉 국내 쌀 생산이 '0'이 된다고 가정하면, 곡물자급률은 5.4%, 식량자급률은 11.4%로 뚝 떨어진다. 따라서 우리의 식량주권을 지키고 식량 안보를 튼튼하게 유지 하기 위해서는 쌀의 중요성을 인식하고 안정적인 쌀 생산과 쌀 소비 확대에 많은 관심을 가져야 한다.

미래의 기후 변화가 피할 수 없는 현상임을 받아들이면서, 이러한 기후 위기를 기회로 바꾸기 위한 많은 움직임이 이미 시작되었다. 우리나라에서는 기존의 화석 연료 의존의 경제 성장 패러다임에서 환경친화적 '저탄소 녹색성장' 패러다임으로 전환하기 위해, 경제 성장과 환경보호를 조화시켜 나가는 성장모델의 도입에 노력하고 있다. 지구 온난화의 진전으로 우리나라 기후가 아열대화되어 간다고 보는 전망이 지배적이므로, 우선 농업 분야에 있어서는, 새로운 환경에서 살아남을 수 있는 기존 작물의 개량 또는 부가가치가 높은 새로운 열대·아열대 작물의 개발이 새로운 기회가 될 수 있을 것이다. 해수 온도의 상승은 기존의 김 양식 등에는 적합하지 않지만, 아열대 지역에서 양식되는 흰다리새우나 참다랑어의 양식도 새로운 적응 기회로 꼽힌다.

그리고 산업적인 면에서는 전기자동차와 친환

경 에너지 부문에서의 다양한 사업의 기회와 고용 증대 효과, 기후 시스템 변화로 인한 각종 방재 정보나 재해방지 솔루션 등을 최첨단 IoT 기기나 인터넷 등으로 전달하는 새로운 사업의 창출도 기대되는 부분이다. 그러나 해수면 상승으로 수십 년 내에 수몰되는 지역이나, 점차 강도가 더해지는 가뭄과 홍수 등 극한 기상 현상에 적절한 대응이 가능하지 않은 취약지역들은 전 세계적으로 널리 존재한다. 또한 기상이나 기후 변화의 예측이 가능하지 않아, 우리가 대면하게 될 미래에는 더욱 통제하기 어려울 수 있다. 따라서 우리는 적응에서 기회를 찾는 동시에 보다 적극적으로 기후 변화에 대응해 나가야 한다.

여섯 번째 대멸종의 티핑 포인트가 온다

지구는 45억 년 전에 태양계의 행성으로 탄생했다. 오랜 세월이 지나면서 바다가 형성되고 깊은 바다에서 약 38억 년 전 원시 생명체가 탄생했다. 이 생명체가 지구상 모든 생명체의 조상이자 생물학의 시작이었다. 육상에 생명체가 살기 시작한 5억 4000만 년 전 고생대, 2억 5000만 년 전 중생대, 6600만 년 전 신생대를 지질 시대로 구분하고 있다.

  수억 년의 긴 지질 시대 동안 다섯 번의 대멸종이 있었다. 1차 대멸종은 고생대 오르도비스기(4억 4500만 년 전), 2차 대멸종은 고생대 데본기(3억 7000만 년 전), 3차 대멸종은 고생대 페름기(2억 5100만 년 전), 4차 대멸종은 중생대 트라이아스기(2억 500만 년 전) 그리고 마지막 5차 대멸종은 중생대 백악기(6600만 년 전)에 발생했다. 다섯 번의 대멸종은 대규모 화산 폭발이나 우주에서 날아온 소행성이 지구에 충돌하면서 지구 기후가 급변하는 자연적 원인에 의해 발생했다. 그 결과, 당시 살고 있던 생물종의 70~90%가 멸종한 것이다.

2015년 《뉴요커》 잡지사의 언론인으로 활동하던 엘리자베스 콜버트는 『여섯 번째 대멸종』이라는 책을 출판했다. 그는 지구에서 자연적인 원인으로 일어난 다섯 번 대멸종에 이어 여섯 번째 대멸종이 진행되고 있다고 했다. 작가는 여섯 번째 대멸종의 원인은 바로 우리 인간에 의한 기후 변화라는 충격적인 내용으로 퓰리처상을 수상했다.

그럼 어떻게 해서 기후 변화로 인한 여섯 번째 대멸종이 시작된다는 것일까? 지구상에는 약 1400만 종의 생물종이 살고 있다고 추정한다. 우리 인간은 1400만 종 중의 하나다. 지구상의 생물종은 서로 먹고 먹히면서 먹이사슬을 형성하여 최상위 포식자인 인간에게 식량을 공급하고 있다. 그런데 최근 기후 변화로 하루에도 70여 종의 생물종이 멸종하고 있다고 한다. 그럼 1년이면 2만 5000종,

100년이면 250만 종, 즉 4분의 1의 생물종이 멸종하게 된다. 우리 인간에게 식량을 공급하는 먹이사슬이 무너지므로 인간도 멸종하게 된다.

인류가 농업을 시작한 기원전 8000년 전쯤 전 세계 인구는 500만 명 정도였다. 8000년이 흘러 인구는 2억 명으로 늘어났다. 기원후 인구가 2억에서 10억이 되기까지 1800년이 걸렸지만, 산업혁명 이후 인구 수는 기하급수적으로 늘어났다. 1987년 7월 11일 세계 인구가 50억을 기록했고 2022년 11월 15일 80억 명으로 증가했다.

지구 하나가 식량, 에너지, 물을 공급하여 부양할 수 있는 최적의 인구수가 50억 명이며 최대 부양 인구수가 80억 명이라고 한다. 인구가 이렇게 기하급수적으로 증가할 수 있었던 것은 농학자들의 녹색혁명을 통해 식량이 공급될 수 있었기 때문이다. 자연법칙에 따르면 생물종은 먹이가 풍부하면 개체 수가 늘어나고, 그 반대로 먹이가 줄어들면 개체수가 줄면서 멸종하게 된다.

이제 이 지구의 최대 부양 인구 수를 넘었다. 그런데 UN의 인구 전망에 따르면 2057년에는 100억 명을 넘을 것이라고 한다. 다시 말해 식량, 에너지, 물이 부족해지므로 자연법칙에 따르면 인구가 줄어들어야만 한다. 현재 인구 수를 줄이는 방법이 무엇이라고 생각하는가? 코로나-19와 같은 글로벌 팬데믹, 자연재해, 전쟁 등을 생각할 수 있다.

1970년대 중동에서 발생한 전쟁은 에너지 전쟁으로 볼 수 있다. 아프리카의 나일강과 동남아시아의 메콩강을 공유하는 여러 나라 사이에 물 분쟁이 발생하고 있으며, 더 나아가 물 전쟁이 날 수도 있다. 이제 남은 것은 식량 전쟁이다. 기후 변화로 식량 생산이 줄게 되면 전 세계 많은 나라에서 식량 위기를 겪게 될 것이다.

현재 우리나라에서는 유사 이래로 가장 풍부한 식탁을 향유하고 있다. 그래서 살아생전에 식량 위기를 겪을 것을 걱정하는 사람은 없는 실정이다. 사실 이러한 국민의 인식이 더 큰 위기라고 생각한다. 우리나라의 식량안보지수는 OECD 선진국 중에서 가장 낮으며, OECD 국가 평균 곡물자급률이 102%인데 우리나라는 20.9%다.

우리가 살아가면서 꼭 필요한 식량, 에너지, 물 중에서 에너지와 물은 신재생 에너지와 바닷물의 담수화를 통해서 조달할 수 있는 대체재가 있다. 그러나 식량은 대체재가 없으며 돈이 있어도 필요할 때 바로 생산할 수가 없다.

따라서 정부는 식량 문제를 안보적인 관점에서 중요한 정책으로 다루어야 한다. 국내 생산 기반을 확충하여 식량 자급 능력을 높이고, 효율적이며 안정적인 해외 곡물 조달 시스템을 강화하고, 곡물 재고 비축량을 충분히 확보하여 비상사태에 대비하는 게 가장 시급하다.

한편, 국민 개개인은 우리나라도 식량 위기를 겪을 수 있는 인식을 하고 식량 위기 대응에 동참해야 한다. 식량 위기는 기후 변화에 따른 기상이변과 연계되어 발생하는 것이기 때문에 기후 변화 대응을 위한 노력에 동참해야 한다. 일회용품 덜 쓰기, 에너지 아껴 쓰기와 같이 생활 속에서 온실가스 배출량을 줄이는 행동 변화가 필요하다.

나 하나의 작은 실천이 별것 아니라는 생각을 할 수 있겠지만, 나의 행동이 내 주변 친구들을 동참시키고, 이것이 계속 확산하면 전 국민이 동참하게 되어 큰 변화를 가져올 것으로 확신한다. 이것이 식량 위기로부터 인류를 구하는 우리 모두의 역할이라고 생각한다.

주석

1. IPCC 제6차 평가보고서(2021. 8. 9.)

2. wri.org/sustfoodfuture; World Resources Institue

3. 한국농촌경제연구원, 2019

4. 김창길, 한국농식품학회 2021 하계학술대회 기조발제

5. 통계청 한국농촌경제연구원

6. 농림축산식품부

7. IPCC 제6차 보고서(2021)

8. 온실가스종합정보센터

9. 일본 스미모토상사 글로벌리서치 보고서(2017)

참고문헌

1. 국립기상과학원, 우리나라 109년(1912-2020) 기후 변화 분석 보고서. 2021.

2. 국립기상과학원, 한반도 100년의 기후 변화. 2018.

3. 국립기상과학원, 한반도 기후 변화 전망보고서. 2020.

4. 국립기상과학원, IPCC 제6차 평가보고서 대응 전지구 기후 변화 전망보고서. 2020.

5. 《국민일보》〔인터뷰 사이〕남재작 한국정밀농업연구소 소장. 2022.03.31.

6. 국회예산정책처, 대한민국 재정. 2021.

7. 기상청, 기후정보포털 http://www.climate.go.kr.

8. 기상청 보도자료 '한파 속 2022년 겨울 한강 첫 결빙' 2022.12.25.

9. 기상청, 2018년 이상 기후 보고서. 폭염 열대야 최고기온 기록 경신. 2019.

10. 김창길, 『한국형 그린뉴딜과 농업농촌 탄소중립 실현 방안』, 한국농식품정책학회 2021 하계학술대회 기조발제, 2021.08.19.

11. 남재작 지음, 『식량위기 대한민국』, 웨일북, 2022.

12. 농림축산식품부, 국가농식품통계서비스
http://kass.mafra.go.kr/newkass/kas/index.do.

13. 농림축산식품부, 『농림축산식품통계연보』, 2022.

14. 농촌경제연구원, 『농업전망 2019』, 농업·농촌의 가치와 미래, 2019.

15. 농촌경제연구원, 『행복한 균형발전을 위한 농촌 유토피아 구상』, 2019.

16. 농촌경제연구원, 『농업전망 2022』, 「농업·농촌, 새 희망을 보다」, 2022.

17. 대외경제정책연구원, 국제사회의 플라스틱 규제 현황과 시사점, 세계경제포커스. Vol.5 No.13. 2022.

18. 《매일건설신문》 다보스 포럼 '세계 물 부도 사태' 경고, 2009.02.17.

19. 박재완, 「코로나-19 팬데믹에 따른 식량 안보 영향과 전망」, 한국과 국제사회 제4권 5호, 183-201, 2020.

20. 엘리자베스 콜버트 지음, 이혜리 옮김. 『여섯 번째 대멸종』. 처음북스, 2014.

21. 윌리엄 노드화우스 지음, 성원 옮김 『기후 카지노』, 한길사. 2017.

22. 이덕배, 심교문 지음, 『기후 변화가 농업에 미치는 영향 및 대책』, 2010.

23. 이완주 지음, 『라이스 워(Rice War)』, ㈜대교출판, 2009.

24. 이철호 지음, 『식량전쟁』, 도서출판 식량 안보연구소, 2012.

25. 일본 스미모토상사의 글로벌리서치 보고서, 2050년을 향한 산업 메가트랜드, 2017.

26. 통계청, 국가통계포털 http://kosis.kr/index/index.do.

27. 한국무역협회, 식량 수출 제한 조치에 따른 공급망 교란과 영향, Trade Focus 2022년 12호, 2022.

28. 허정회, 박혜진, 우병준, 「농업·농촌에 대한 2019년 국민의식 조사 결과」, 농촌경제연구원, 2019.

29. 환경부, 온실가스종합정보센터 http://www.gir.go.kr/home/main.do.

30. 환경부, 환경통계포털 http://stat.me.go.kr.

31. Crippa, M., etal, Food systems are responsible for a third of global anthropogenic GHG emissions. Nature Food. 2021.

32. IPCC, Climate Change 2013(AR5): The Physical Science Basis. Cambridge University Press. 2013.

33. IPCC, Climate Change 2021(AR6): The Physical Science Basis. Cambridge University Press. 2021.

34. IPCC, Special Report on Global Warming of 1.5 °C. 2018.

35. Joseph Poore & Thomas Nemecek, Reducing food's environmental impacts through producers and consumers. Science. 2018.

36. NASA, The Global Climate Change https://climate.nasa.gov.

37. Sumitomo Cooperation Global Research, 2050年に向けた産業メガトレンド. 2017.

38. UN, World Population Prospects 2022.

KI신서 11254

6번째 대멸종 시그널, 식량 전쟁

1판 1쇄 발행 2023년 11월 13일
1판 3쇄 발행 2024년 8월 19일

지은이 남재철
펴낸이 김영곤
펴낸곳 ㈜북이십일 21세기북스

서가명강팀장 강지은 **서가명강팀** 박강민 강효원 서윤아
디자인 THIS-COVER
출판마케팅영업본부장 한충희
마케팅1팀 남정한
출판영업팀 최명열 김다운 김도연 권채영
제작팀 이영민 권경민

출판등록 2000년 5월 6일 제406-2003-061호
주소 (10881) 경기도 파주시 회동길 201 (문발동)
대표전화 031-955-2100 **팩스** 031-955-2151 **이메일** book21@book21.co.kr

㈜북이십일 경계를 허무는 콘텐츠 리더

21세기북스 채널에서 도서 정보와 다양한 영상자료, 이벤트를 만나세요!
페이스북 facebook.com/jiinpill21   포스트 post.naver.com/21c_editors
인스타그램 instagram.com/jiinpill21   홈페이지 www.book21.com
유튜브 youtube.com/book21pub

서울대 가지 않아도 들을 수 있는 명강의! 〈서가명강〉
유튜브, 네이버, 팟캐스트에서 '서가명강'을 검색해보세요!

ⓒ 남재철, 2023

ISBN 979-11-7117-209-2 04300
        978-89-509-7942-3 (세트)